D0573718

LA COCINA FAMILIAR
EN EL ESTADO DE
COLIMA
Colima

LA COCINA FAMILIAR EN EL ESTADO DE COLIMA

CONACULTA OCEANO

LA COCINA FAMILIAR
EN EL ESTADO DE COLIMA

Primera edición: 1988
Banco Nacional de Crédito Rural, S.N.C.
Realizada con la colaboración del Voluntariado Nacional y de las Promotoras Voluntarias del Banco Nacional de Crédito Rural, S.N.C.

Segunda edición: 2001
Editorial Océano de México, S.A. de C.V.

Producción:
Editorial Océano de México, S.A. de C.V.

Editorial Océano de México, S.A. de C.V.
Eugenio Sue 59
Col. Chapultepec Polanco, C.P. 11500
México, D.F.

ISBN
Océano: 970-651-482-1
970-651-450-3 (Obra completa)
CONACULTA: 970-18-6206-6
970-18-5544-2 (Obra completa)

Impreso y hecho en México.

LA COCINA FAMILIAR EN EL ESTADO DE

Colima

Presentación

La Comida Familiar Mexicana fue un proyecto de 32 volúmenes que se gestó en la Unidad de Promoción Voluntaria del Banco de Crédito Rural entre 1985 y 1988. Sería imposible mencionar o agradecer aquí a todas las mujeres y hombres del país que contribuyeron con este programa, pero es necesario recordar por lo menos a dos: Patricia Buentello de Gamas y Guadalupe Pérez San Vicente. Esta última escribió en particular el volumen sobre la Ciudad de México como un ensayo teórico sobre la cocina mexicana. Los textos históricos y culinarios, que no las recetas recibidas, varias de ellas firmadas, fueron elaborados por un equipo profesional especialmente contratado para ello y que encabezó Roberto Suárez Argüello.

Posteriormente, hace ya más de seis años, BANRURAL traspasó los derechos de esta obra a favor de CONACULTA con el objeto de poder comercializar el remanente de libros de la primera edición, así como para que se hicieran nuevas ediciones de la misma. Esta ocasión llega ahora al unir esfuerzos CONACULTA con Editorial Océano. El proyecto actual está dirigido tanto a dotar a las bibliotecas públicas de este valioso material, como a su amplia comercialización a un costo accesible. Para ello se ha diseñado una nueva edición que por su carácter sobrio y sencillo ha debido prescindir de algunos anexos de la original, como el del calendario de los principales cultivos del campo mexicano. Se trata, sin duda, de un patrimonio cultural de generaciones que hoy entregamos a la presente al iniciarse el nuevo milenio.

Los Editores

Introducción

Probablemente la cultura colimense es la mejor conocida del Occidente mesoamericano. Sus testimonios son abundantes en la cuenca del río Armería y en los valles de Colima y Tecomán. Los indígenas de la zona conformaron grupos agrícolas que vivían del cultivo de diversos productos vegetales como el maíz, la calabaza, el maguey, el frijol, el chile, el jitomate y el algodón. Otras actividades, como la caza y la pesca, proporcionaban los complementos de su mesa. Domesticaron animales como el guajolote y el tepezcuintle, que cazaban para comer. De su destreza dan prueba los tejidos de algodón, pero sobre todo la alfarería. A nuestros días han llegado piezas de formas vegetales o animales, en especial vasijas en forma de tepezcuintle –con una vertedera en la cola– que se han convertido en el símbolo arqueológico de esa cultura.

Durante los primeros veinticinco años del siglo XVI, Colimotl erigió el reino de Colimán. Por ser un señorío independiente, no aparecía en las listas de pueblos tributarios de los mexicas. Hernán Cortés no se enteró de su existencia antes de haber conquistado Michoacán. Francisco Alvarez Chico y Juan Rodríguez pretendieron ocupar el territorio, pero fueron rechazados. Gonzalo de Sandoval logró someter a Colimán y a sus aliados, que al cabo aceptaron el vasallaje. Los primeros colonizadores fueron, en su mayor parte, soldados de la guardia de Cortés: hombres rudos y ambiciosos; en breve se dedicaron a explotar con esclavos las minas auríferas de la región. El duro trato a que sometieron a los indígenas en las minas provocó frecuentes revueltas, especialmente en el yacimiento del Motín (y de ahí la palabra adquirió su significado cabal). Poco podía hacer la orden de los franciscanos que había llegado a evangelizar aquellos reinos.

A causa de esta situación, la villa de Colima fue visitada por el virrey Antonio de Mendoza; el gobernante reconoció los puertos de Navidad –de donde salían las expediciones españolas hacia Asia y Tornavuelta (de regreso)–, Santiago y Salagua y ordenó la construcción de un camino real. Más tarde, Lebrón de Quiñones dio la libertad a los esclavos, dispuso la adopción de huérfanos, el establecimiento de hospitales, la exención de impuestos a los imposibilitados, los matrimonios colectivos y las siembras comunales para dar auxilio a viudas, desamparados e inválidos. Los hispanos del lugar lo calificaron, por todo ello, como "el más riguroso juez que el virrey tiene en sus reinos".

Las disposiciones de Quiñones alentaron la estadía de los indios. Se edificó el monasterio de San Francisco, en el pueblo del mismo nombre. La constante intervención de la Corona para frenar los abusos de los colonos, acabó por fin con el tráfico de esclavos; disminuyó así la fiebre del oro y la economía se centró en la agricultura y la ganadería. Florecieron las huertas de aguacate, plátano y limón; y la caña de azúcar abasteció en gran escala los trapiches, donde se fabricaban melados, panocha y azúcar. Se multiplicaron las ganaderías de toros bravos y, a mediados del siglo, se propagaron las gallinas de Castilla. El "vino de cocos", cuya elaboración a partir de la tuba habían introducido los filipinos, se convirtió en artículo de primer orden. La producción de vino llegó a veinticinco mil litros al año. La recolección de sal, y la producción de ganado, pieles, sebo, quesos y pescado adquirió importancia.

Bajo estas circunstancias surgió un nuevo arte culinario, integración de posibilidades y culturas. En las cocinas de haciendas y poblados se prepararon platillos, licores, vinos y postres, que lenta pero firmemente amalgamaron los productos del sitio con los que se importaban; la forma de hacer de los indios con la de los españoles; el paladar de unos y otros se trocó en un tercero, el gusto mexicano. Pero ni unos ni otros tuvieron que olvidar sus recetas originales. El indio seguía comiendo tortilla, tamales, chiles, atole y pulque; a lo cual adicionaba –de vez en cuando– alguna carne de puerco o res, entonces casi vetadas para ellos. El español, en cambio, bien pronto integró las delicias que le brindó el fértil trópico a su dieta diaria, al grado tal que en corto tiempo no concebía una comida que no "bajase con un buen pulque" y el aguacate vistió con delicada elegancia el arroz, las ensaladas, los pescados y mariscos de las mesas criollas y europeas.

De la segunda mitad del siglo XVI a la primera del XVIII, Barra de Navidad y Manzanillo se tornaron puertos de abrigo de piratas, que esperaban la Nao de China, o el Galeón de Manila: ambos fueron abordados por sir Francis Drake, entre otros. Por levante, hacia el interior del país, la comunicación con la capital de la Nueva España era precaria; los malos y pocos caminos habían sido tomados por bandoleros o indios rebeldes, lo cual impedía un tránsito comercial fluido. A pesar de todo, los escasos habitantes se dedicaron –además de la explotación minera– a la agricultura y ganadería. Poco a poco la economía se fue consolidando, al permitirse la propagación del cacao y de los hatos de ganado.

Hacia 1790, 4314 personas vivían en la Villa; de ellos, menos de la mitad eran españoles, y los demás indígenas, mestizos y mulatos; en su totalidad, de acuerdo a su actividad u oficio, eran hacenderos, mercaderes, comerciantes, cajeros, escribientes, labradores, sastres, zapateros, tejedores, pintores, arrieros con mulas, sirvientes de arrieros, plumarios, herreros, carpinteros, curtidores, operarios, tratantes, sirvientes, barberos, sombrereros, hilanderos, diezmeros, plateros y medieros. Era ésta una sociedad integrada en estratos de trabajo, que producía lo suficiente para satisfacer necesidades internas y externas.

Los cultivos principales eran cacao, coco, añil, caña, maíz, frijol, arroz, algodón y chile. Elaboraban sal de estera, coquito de aceite, quesos, pescado seco, pieles y algodón. Ante la bonanaza, los vecinos se distraían organizando fiestas religiosas y civiles: había carreras de caballos, danzas indígenas, verbenas populares y fuegos pirotécnicos. En tales ocasiones era costumbre montar largas mesas para el servicio de los hacendados; ofrecían sopes, garnachas, tamales, quesadillas, tacos, alegrías y otros dulces, sin que faltase el tepache, el pulque, el tequila y las aguas frescas de frutas.

El cura Miguel Hidalgo llegó a Colima el 10 de marzo de 1792; fomentó, entre otros, el cultivo de la palma de coco. Se cuenta que compraba fragmentos de metal a un viejo. Este preguntó: ¿Para qué quiere tanto pedazo de fierro, tata cura? "Para hacer una campana grande, que se oiga en todo el mundo", respondió el padre Hidalgo. El movimiento independentista resonó con fuerza en Colima; se conspiró a favor de la insurgencia y se apoyó con brío la gesta nacional.

Al finalizar el movimiento, se dio especial importancia a la educación; en 1840 se dispuso la creación de dos escuelas normales y una superior, originada en el Seminario Conciliar Tridentino, y se expidió la Ley de Instrucción Pública del Estado. Aunque hubo luego, en el propio siglo, una epidemia de fiebre amarilla que diezmó en forma considerable a la población, y fue causa fundamental que obligó al cierre temporal de escuelas y sitios de congregación pública.

Años más tarde, durante el largo y aciago período en que el país se desangraba en una guerra intestina, pues se luchaba por definir el proyecto de vida nacional, el presidente Juárez al frente del gobierno liberal despachó por breve tiempo en el Palacio de Gobierno de Colima.

La principal ruta al interior de la república era el Camino de Rueda y Herradura; de ahí nació el son "Camino Real de Colima". El "Reglamento para los Coches de Camino" aclaraba que los organizadores de los viajes no se podían hacer responsables por "robos de ninguna clase en el camino, postas o posadas". A pesar de la inseguridad de la ruta, es fama que en las posadas del camino se solía atender al viajero sencilla pero suculentamente. Los posaderos, además de proporcionar lugar para el descanso, se especializaban en platillos tales como tamales de carne y costilla, chilayo de puerco, morisqueta, patitas de puerco en vinagre, caldillos de mariscos y el clásico puchero. El pan hecho en casa podía aromar el local, y si el frío era intenso, se acostumbraba servir aguardiente, café de olla y atole; si el calor sofocaba, no faltaba el tepache, la tuba y el agua de frutas.

Tras una epidemia de cólera que, también en el siglo XIX afectó gravemente a los colimenses, vino otra vez la época de la recuperación. Se terminaron obras como la de la cárcel, varios jardines y algunos paseos. Desde Alemania llegaron el kiosco y el reloj de Palacio. Éste recuerda a nativos y visitantes la posibilidad de un triple deleite: el de cruzar los puentes sobre el río Colima, participar en conversaciones gratas y animadas y disfrutar las suculentas viandas de los clásicos "merenderos".

De ellos se puede decir que son sitio de encuentro de una sociedad bien avenida, quizá mucho más que otras, la de los tamales y las ciruelas, la guayabilla o el mango. Como el encuentro del mole verde con la carne de puerco o de res, relleno de los tamales de ceniza envueltos en hojas de carrizo. Para los paladares de gustos más sólidos quedan la birria de chivo o el menudo con ¡azafrán!, lujo sobre dispendio con su buen acompañamiento de chián, bate o aguardiente.

Ya en este siglo, en los inicios de la Revolución, los maderistas demandaron la rendición del gobierno conservador. Durante los acontecimientos posteriores, Colima vivió bajo el dominio huertista, hasta que Alvaro Obregón tomó la plaza colimota en 1914 y se promulgó la Constitución Política de la entidad. A lo largo de la rebelión cristera, hubo grandes bajas. Restablecida la paz, lograda la conciliación, el dinamismo administrativo fue factor clave en el desarrollo estatal: se invirtió en obras de irrigación, carreteras, la estación y muelle fiscal en Manzanillo, la termoeléctrica de Tecomán, escuelas y drenaje en la capital. Durante el terremoto de octubre de 1959 se perdieron más de mil vidas humanas y se afectó gravemente una extensión de 120 km de la zona costera que fue reconstruida poco después.

Colima cuenta hoy con una economía firme. La belleza natural del área propicia los bellos escenarios turísticos, a éstos se suman la gentileza de sus habitantes, gente de buen humor y buena cocina, que sabe del encanto de sus platillos tradicionales; entre otros, cabe citar: la cuachala espesada con pechuga molida, tal vez nostálgico manjar blanco naturalizado con sal y chile guajillo; la sopa de chacales o langostinos; la sopa de boda o fiesta: el chilayo, el puerco tatemado, las enchiladas, ¡los sopitos picados al estilo Villa de Álvarez!, y para el calor, la compañía insuperable de la tuba almendrada o el brindis impar de un ponche de granada preparado con la tuxca tradicional, ¿qué otra cosa es el arte gastronómico?

En suma, la integración de este recetario de la cocina familiar colimota permitió el acceso a una sabia y apetecible cultura popular, la cocina cotidiana en la entidad. Seis apartados forman este muestrario de excelentes recetas. La barroca locura del maíz, en enchiladas, tamales, sopes, entomatadas, enfrijoladas, está presente en el primero de ellos. En el segundo, **Caldos, sopas y pucheros,** se transcurre de los buenos sabores a otros mejores, de caldos y caldillos hasta la fórmula de un menudo o de un par de atractivos arroces.

La tercera sección, **Mariscos y pescados,** abre el apetito ante la riqueza de las aguas del Pacífico... y de las corrientes y esteros colimeños. En la cuarta, dedicada a las **Aves y carnes,** las fuentes primeras –cocina indígena, española y oriental– se traslucen, confluyen y se recrean en combinaciones nuevas, distintas, a veces impensables y siempre apetitosas. Y se descubre, con frecuencia, la proximidad de Andalucía y sus gustos culinarios.

El apartado quinto, el de **Verduras,** retrata bien el huerto colimense; riqueza de trópico, fertilidad de la tierra (sin que por ello se olvide al nopal). Y la sección final, **Repostería,** es un breve e irrepetible tratado de los buenos postres, recetas hay en él que merecen marcos áureos. Tal vez, sobre todas, las que analizan las cimas altísimas a las que llegan los alfajores y las cocadas colimenses.

I

TAMALES, ENCHILADAS Y OTROS ANTOJITOS

Tamales, Enchiladas y Otros Antojitos

Colima, entidad de vasta y rica tradición indígena, aporta originales y detalladas recetas para satisfacer el antojo, un antojo que, con frecuencia, se convierte en sustanciosa y rica comida.

Con unos tamales de frijol negro con chile de árbol seco, hierbasanta y carne de cerdo se abre este apartado. Sigue una receta para tamales de dulce, con azúcar, canela y pasitas, sólo como un breve respiro frente a dos complejas recetas locales, también referidas a tamales. La primera, bautizada con regio adjetivo, describe unos tamales de carne de puerco que tienen, como ingredientes adicionales, arroz, chile pasilla, comino y clavo. La segunda muestra la elaboración de unos tamales rellenos de carne de puerco y pollo, que emplea, además del chile pasilla, el guajillo, por lo que se refiere al relleno de carne de puerco. Agrega verduras para el relleno de pollo.

Entre la sección de los tamales y la que se presenta posteriormente, la de enchiladas, se abre un frente europeo: unas empanaditas fritas confeccionadas con harina de trigo; su relleno es picadillo de carne, pero puede ser de pollo o hasta de sesos, y al final se revuelcan en azúcar.

Tras lo cual, volvemos al maíz. Reino maravilloso que muestra aquí algunas de sus muchas posibilidades. Los "sopitos" picados, estilo Villa de Álvarez, son de carne de res (aunque pueden prepararse con otros guisos) y se condimentan con chile cascabel. El secreto de la receta está en bajar la salsa con que se condimenta y hacer un círculo "chiquito" al centro de los "sopitos" para que se justifique el nombre de picados.

Y vienen las enchiladas. Varias son las recetas que se nos entregan. La primera de ellas tiene mucho de original por las especias que emplea: canela, clavo y pimienta negra. Por picante, lleva chile ancho únicamente. Enseguida, unas enchiladas verdes con chiles poblano y serrano, y su crema naturalmente. A continuación, unas "enchiladas de chile dulce", donde el chile mulato se desvena y muele con chocolate para endulzarlo. El relleno es de pechuga de pollo. Exquisitas se llaman unas enchiladas a base de tres picantes: pasilla, mulato y ancho, bien mezclados con cacahuates y almendras. Por último, las "enchiladas colimenses" con salsa de guajillo seco y un rico relleno de verduras, pasitas, almendras y aceitunas. Ingredientes que, aun en unas enchiladas, no esconden la influencia árabe-española. Y también con rasgos mestizos, pero de sabor más autóctono, se presenta después el chilayo de puerco, con trocitos de carne en salsa de guajillo, que debe servirse con morisqueta, o sea arroz blanco cocido al vapor.

Luego, al regresar a la sencillez de la tortilla sin grandes rellenos, dos recetas prácticas y sabrosas: entomatadas y enfrijoladas. Ambas de factura tradicional. Sigue la fórmula de unos frijoles puercos. Conocidos en casi toda la república, son aquí una receta que hace énfasis en el chorizo y en la importancia de moler los frijoles en metate.

Para cenar de antojo, y terminar el apartado, ¿qué mejor que una torta morisca? Como en el caso de las enchiladas colimenses, la receta es mestizaje, suma afortunada de lo indígena con lo árabe-español, muy evidente en este caso. Se trata de un picadillo de cerdo y res con arroz, finamente sazonado.

A comer y a rascar, el trabajo es empezar

Tamales de frijol

2 k	*masa de maíz*
1/4 k	*frijol negro molido*
600 g	*manteca de cerdo*
1/2	*cucharadita de polvo para hornear*
20	*hojas de hierbasanta*
5	*chiles de árbol secos*
4	*dientes de ajo*
·	*hojas de maíz*
·	*sal, al gusto*

- Moler el frijol cocido con chiles secos tostados y los dientes de ajo, freírlos en cien gramos de manteca muy caliente y dejarlos resecar.
- Requemar la manteca, agregarla gradualmente a la masa de maíz; amasar con sal y polvo para hornear hasta que quede una pasta muy suave.
- Tomar una hoja de maíz previamente remojada y escurrida, colocar una hoja de hierbasanta encima, sobre ésta poner un poco de masa y aplastar con los dedos; en el centro colocar una cucharada del frijol ya preparado y envolver la hoja de maíz como tamal.
- Cocerlos en una vaporera durante una hora, a fuego moderado.
- Rinde 20 a 25 raciones.

Tamales regios colimenses

1 1/2 k	*masa de maíz*
1 k	*manteca*
1/2 k	*arroz*
2	*cucharadas de polvo para hornear*
·	*caldo de carne de cerdo*
·	*hojas de maíz*
·	*sal o azúcar, al gusto*
·	*Relleno*
1/2 k	*costillas y carne de puerco*
50 g	*chile pasilla*
1	*cucharadita de harina*
1	*diente de ajo*
·	*agua con sal*
·	*cominos*
·	*manteca*
·	*sal y clavos de olor*

- Remojar el arroz en agua fría (la víspera) y al día siguiente escurrirlo y molerlo.
- Unir el arroz con la masa y batir con un poco de agua fría; agregar después caldo de puerco (debe quedar con consistencia de atole).
- Requemar la manteca e incorporarla a la mezcla anterior con sal al gusto.
- Colocar la masa al fuego en una cazuela de barro y revolver constantemente con una cuchara de madera.
- Cuando se empieza a despegar la masa de la cazuela, retirar de la lumbre y verter sobre una mesa; extender bien y dejar enfriar.
- Agregar el polvo para hornear, disuelto en un poco de agua. Amasar y dejar reposar durante una hora.
- Preparar unas bolitas del tamaño que se quieran hacer los tamales (con las manos untadas de manteca requemada)
- Extender las bolitas de masa sobre la hoja de maíz, que estará remojada y escurrida.
- Rellenar y luego cubrir con la misma masa; amarrar los extremos con tiritas de las mismas hojas; cocer a vapor.
- Rinde 15 a 20 raciones.

Relleno

- Cocer la carne en poca agua y sal.
- Remojar previamente los chiles pasilla, molerlos con especias y ajo; colar con un poco de caldo.
- Dorar la harina en manteca y freír en ella el chile. Cuando espesa un poco, incorporar a la carne cocida.
- Si los tamales se quieren de dulce, se les pone menos sal y azúcar en polvo (cuando la masa está fría, antes de amasarla).
- Agregar fruta cubierta picada o frutas en almíbar, si se desea.

Tamales de carne de puerco y pollo

3 k	*masa de maíz*
1 1/2	*cucharadas de polvo para hornear*
1/2 k	*manteca de puerco*
·	*hojas secas de elote*
·	*sal, al gusto*
·	*Relleno (carne de puerco)*
1/2 k	*carne de puerco*
3	*chiles guajillo*
2	*dientes de ajo*
1	*chile pasilla*
1	*pizca de cominos*
·	*harina*
·	*pimienta*
·	*sal, al gusto*
·	*Relleno (pollo)*
1/2 k	*pollo deshebrado*
250 g	*papa*
200 g	*pasas*
200 g	*tomates*
50 g	*azúcar*
3	*zanahorias pequeñas*
·	*sal, al gusto*

- Batir la masa con suficiente agua para que quede espesa; agregar sal y polvo para hornear.
- Requemar la manteca; incorporarla a la masa poco a poco, sin dejar de batir, hasta que la manteca se integre (cuando la cuchara salga seca, es el punto para hacer los tamales).
- Remojar las hojas de elote hasta que suavicen, escurrirlas. Poner en cada hoja una tortillita de masa, el relleno y envolver enseguida.
- Amarrar los tamales y cocerlos a vapor durante una hora.
- Rinde 15 a 20 raciones.

Relleno de cerdo

- Cocer la carne en retazos, con sal.
- Moler los chiles guajillo y pasilla, previamente remojados y molidos con comino, ajo y pimienta.
- Freír la salsa y espesarla con harina.

Relleno de pollo

- Cocer las pasas, el tomate picado, la papa picada, sal, zanahoria, azúcar y el pollo; hervir hasta espesar.

Sopitos picados al estilo Villa de Álvarez

1/4 k	*carne de res molida*
125 g	*jitomates*
125 g	*manteca*
125 g	*tomates verdes*
50 g	*queso rallado*
1	*cucharada de cebolla picada*
36	*sopitos picados*
24	*rabanitos*
1	*diente de ajo*
1	*lechuga*
·	*chile cascabel*
·	*sal, al gusto*

- Quitarle la cara a los sopitos y, con los dedos, formarles un borde alrededor y un círculo pequeño en el centro (por eso se les llama picados). Ya fríos, dorarlos en manteca caliente.
- Cocer la carne molida con agua y un poco de sal; después martajarla en el metate.
- Tostar los chiles y molerlos junto con el ajo; agregar los tomates cocidos y los jitomates asados. Hervir con un poco del caldo o jugo que soltó la carne; dejar espesar.
- Mojar los sopitos en la salsa y freírlos en manteca, hasta que se doren.
- Rellenarlos de carne; bañarlos con más salsa, cebolla y queso rallado. Adornar con lechuga y rabanitos.
- También pueden prepararse de chorizo frito, de costilla de puerco o de frijoles.
- Rinde 6 raciones.

Tamales de dulce

2 k	*masa de maíz*
1/2 k	*azúcar*
1/2 k	*manteca de cerdo*
100 g	*pasas*
1/2	*cucharadita de polvo para hornear*
·	*canela molida*
·	*hojas de maíz*
·	*pintura vegetal*

- Requemar la manteca en fuego fuerte; agregar poco a poco la masa.
- Añadir el polvo para hornear, poco a poco, sin dejar de batir.
- Agregar azúcar y canela; seguir batiendo hasta que quede una pasta suave.
- En las hojas de maíz, previamente remojadas en agua, colocar la masa y adornar con pasitas.
- Colorear los tamales con pintura vegetal.
- Rinde 20 a 25 raciones.

Empanaditas fritas

1/2 k	*harina*
100 g	*manteca derretida*
2	*yemas de huevo*
·	*agua de sal con tequesquite*
·	*azúcar*
·	*manteca*
·	*picadillo de carne*

- Revolver en una cazuela los cinco primeros ingredientes hasta formar una pasta suave.
- Extender la pasta sobre una superficie enharinada.
- Cortar ruedas del tamaño que se desee hacer las empanaditas; rellenarlas con picadillo de carne; doblar y repulgarlas.
- Freír en manteca, escurrir y revolcarlas en azúcar.
- Rinde 20 raciones.

Enchiladas

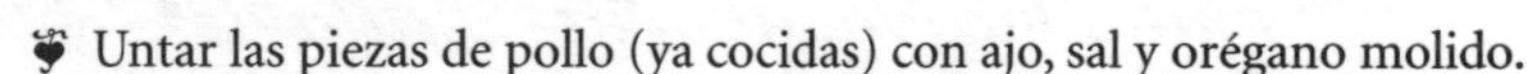

20	*tortillas frescas*
6	*chiles anchos*
5	*clavos de olor*
5	*pimientas negras*
4	*dientes de ajo*
4	*piezas de pollo*
1	*cebolla*
1	*manojo de perejil*
1	*queso fresco*
1	*raja de canela*
·	*aceite*
·	*orégano seco*
·	*sal, al gusto*

- Untar las piezas de pollo (ya cocidas) con ajo, sal y orégano molido.
- Dejar reposar quince minutos y dorarlas en aceite caliente.
- Cortar la cebolla en rodajas finas y deshojar el perejil; remojar en agua con un poco de sal.

Enchiladas

- Remojar los chiles anchos en agua caliente y molerlos con clavo, pimienta y canela.
- Freír en un poco de grasa; cuando hierve, introducir las tortillas una por una; sacarlas, doblarlas en cuatro partes y acomodarlas en un plato.
- Adornar con queso fresco, cebolla y perejil y colocar encima las piezas de pollo doradas.
- Rinde 6 a 8 raciones.

Enchiladas verdes

- 1/4 k *crema espesa*
- 300 g *queso fresco*
- 200 g *tomates verdes cocidos*
- 36 *tortillas*
- 10 *chiles poblanos*
- 1 *huevo*
- 1 *lechuga*
- · *chiles serranos*
- · *cebolla en ruedas*
- · *manteca*
- · *rabanitos*

- Tostar los chiles y desvenarlos. Moler con los tomates cocidos y chiles serranos al gusto.
- Mezclar con la crema y el huevo crudo y sazonar.
- Remojar en esta salsa las tortillas y freírlas en manteca; colocar rebanadas de queso fresco en el centro.
- Doblar las tortillas, acomodarlas en un platón y cubrirlas con el resto de la salsa.
- Adornar con cebolla, rebanadas de queso, lechuga y rabanitos.
- Rinde 12 raciones.

Enchiladas exquisitas

- 2 *pechugas de pollo cocidas y deshebradas*
- 125 g *manteca*
- 100 g *almendras remojadas y peladas*
- 100 g *cacahuates*
- 50 g *chile ancho*
- 50 g *chile mulato*
- 50 g *chile pasilla*
- 36 *tortillas chicas*
- 1 *pedazo de pan*
- · *ajo y pimienta*
- · *ajonjolí tostado*
- · *sal, al gusto*

- Tostar los chiles y desvenarlos; freírlos en manteca junto con los cacahuates y las almendras.
- Moler cebolla, ajo, pan remojado en vinagre, cacahuates y almendras. Freír todo en manteca y sazonar con sal y pimienta; añadir caldo de pollo (la salsa debe quedar espesa).
- Freír las tortillas aparte y pasarlas por la salsa. Rellenar cada tortilla con un poco de pechuga deshebrada.
- Doblarlas y acomodarlas en un platón y bañarlas con salsa y ajonjolí.
- Rinde 12 raciones.

Enchiladas de chile dulce

- 1 *pechuga de pollo cocida*
- 100 g *chile mulato*
- 100 g *manteca*
- 100 g *queso seco*
- 2 *cucharadas de cebolla picada*
- 1/4 *litro de crema*
- 2 *dientes de ajo*
- 1 *tablilla de chocolate*
- · *azúcar*
- · *tortillas*
- · *sal, al gusto*

- Desvenar y tostar ligeramente los chiles, remojarlos en agua tibia y licuarlos con un poco de caldo, chocolate y dientes de ajo.
- Freír lo anterior en dos cucharadas de manteca, sazonar con sal y una pizca de azúcar (si es necesario, agregar un poco de caldo).
- Freír las tortillas ligeramente, pasarlas por la salsa de chile caliente, rellenarlas con un poco de pechuga deshebrada y crema.
- Doblarlas y añadirles queso desmoronado y cebolla picada.
- Rinde 4 raciones.

Enchiladas colimenses

1/4 k	*carne de puerco molida*
75 g	*almendras remojadas y peladas*
1 1/2	*tazas de papa, chícharos, ejotes, zanahorias*
1/2	*taza de pasas*
30	*tortillas chicas, recién hechas*
10	*aceitunas*
10	*chiles guajillo remojados*
1	*lechuga grande*
·	*azúcar*
·	*fruta en vinagre*
·	*manteca*
·	*pizca de bicarbonato*
·	*queso rallado, cebolla picada y rabanitos rebanados*
·	*sal y pimienta, al gusto*

- Remojar los chiles secos y molerlos con sal y un poco de agua; colarlos y freírlos en un poco de manteca; agregar una pizca de azúcar.
- Martajar y cocer la carne con agua y un poco de sal, en una cazuela tapada para que suelte el jugo. Agregar dos cucharadas de manteca requemada.
- Cocer la verdura en el mismo recipiente de la carne; cocer los chícharos y ejotes aparte, con bicarbonato para que no pierdan su color.
- Unir todo e incorporar pasas, aceitunas, almendras y frutas en vinagre (picadas); sazonar al gusto. Dejar resecar en el fuego.
- Quitar a las tortillas la cara, pasarlas por la salsa de chile, freír una por una en manteca; escurrirlas.
- Rellenarlas con el picadillo de carne; envolverlas y acomodarlas en un platón; verter el chile sobrante sobre las enchiladas.
- Adornar con queso rallado, rabanitos, cebolla y lechuga picada.
- Rinde 10 raciones.

Enfrijoladas

1/2 k	*queso fresco rallado*
1/4 k	*frijol negro cocido*
400 g	*manteca*
20	*tortillas*
5	*chiles de árbol secos*
1	*cebolla finamente picada*

- Freír ligeramente las tortillas en manteca caliente.
- Moler el frijol cocido (con una taza de su propio caldo) y los chiles tostados; freír en la manteca restante.
- Cuando la pasta de frijol empieza a hervir, pasar las tortillas, sacarlas enseguida y rellenarlas de queso fresco y un poco de cebolla picada.
- Enrollarlas en forma de taquito y adornarlas con queso y cebolla.
- Servirlas de inmediato.
- Rinde 6 a 8 raciones.

Frijoles puercos

1/2 k	*frijol berrendo cocido*
1/4 k	*queso seco desmoronado*
250 g	*chorizo*
200 g	*manteca*
5	*chiles de árbol secos*
2	*tortillas doradas en pedazos*
1	*cebolla finamente picada*
1	*jitomate finamente picado*
·	*chiles jalapeños*
·	*fruta en vinagre*

- Freír en manteca el chorizo, jitomate y cebolla.
- Agregar enseguida los frijoles molidos en metate; mezclar bien.
- Añadir chile jalapeño picado; retirar del fuego cuando estén bien refritos.
- Adornar con la fruta en vinagre, queso, chiles secos dorados en manteca y las tortillas doradas.
- Rinde 8 raciones.

Entomatadas

1 k	*jitomate*
1/2 k	*costillas de cerdo*
250 g	*queso fresco*
35	*tortillas*
5	*dientes de ajo*
1	*cebolla grande*
1	*manojo de perejil*
·	*aceite*
·	*orégano*
·	*sal, al gusto*

- Cortar la cebolla en rodajas muy finas.
- Deshojar y remojar el perejil junto con las rodajas de cebolla durante una hora; escurrir.
- Asar los jitomates y molerlos con ajo y orégano: freír en dos cucharadas de manteca; al hervir, introducir las tortillas, sacarlas y doblarlas en cuatro partes.
- Adornar con queso, cebolla y perejil; agregar las costillas que se habrán cocido previamente en un poco de agua con sal y dorado en su misma grasa.
- Rinde 12 raciones.

Chilayo de puerco

1 k	*carne de espinazo de puerco*
1/4 k	*tomate verde*
9	*cominos*
6	*chiles guajillo*
2	*cucharadas de harina de arroz*
·	*ajos*
·	*sal, al gusto*

- Cocer la carne partida en trozos con la harina de arroz.
- Agregar los chiles guajillo remojados en agua caliente y molidos con los tomates, comino y ajo.
- Agregar sal al gusto. Dejar hervir hasta que la carne se suavice, procurando que le quede bastante caldillo.
- Servir con morisqueta (arroz blanco cocido al vapor).
- Rinde 8 raciones.

Torta morisca

1/4 k	*arroz*
1/2	*litro de agua*
1/2	*litro de leche*
3	*huevos*
·	*azúcar y canela*
·	*mantequilla*
•	*Picadillo*
1/4 k	*carne molida de puerco y res*
1	*cucharada de aceite*
1	*cucharada de cebolla picada*
1	*cucharada de salsa de jitomate*
1	*papa*
1	*pizca de comino*
·	*fruta en vinagre*
·	*sal y pimienta, al gusto*

- Remojar el arroz en agua hirviendo, lavarlo, escurrirlo y ponerlo a cocer en agua.
- Cuando se ha resecado un poco, agregar leche, canela y azúcar al gusto.
- Dejar a fuego lento hasta que se acabe de cocer.
- Batir los huevos a punto de turrón; revolver con el arroz la mitad del huevo batido. Reservar la otra parte para cubrir la torta al final.
- Engrasar un molde con mantequilla, verter una parte de la mezcla del arroz, luego el picadillo.
- Para preparar el picadillo se debe freír la cebolla y la carne cruda (con el recipiente tapado para que la carne suelte el jugo).
- Agregar sal, pimienta, vinagre, fruta de vinagre, la papa cocida y cortada en cuadritos, salsa de jitomate y comino.
- Cubrir el picadillo con la otra parte del arroz; verter encima el huevo batido que se apartó, así como azúcar y polvo de canela; hornear hasta que cuaje.
- Rinde 10 raciones.

II
Caldos, Sopas y Pucheros

CALDOS, SOPAS Y PUCHEROS

Un rico muestrario para el buen inicio de las comidas nos otorga la cocina familiar colimense en este apartado. Para abrir boca, los regios frijoles negros nacionales, un noble caldillo bien sazonado. Del mar, otro caldillo, pero ahora de camarones, con cebolla, ajo y jitomate. Una segunda versión de esta receta es la del caldo de chacales, como se llama a ciertos langostinos, o camarones grandes, de agua dulce, que agrega chile seco y cominos.

Luego, también del mar, un caldillo de pescado, huachinango o robalo de preferencia, aunque lo cierto es que también puede ser de otras especies, según el mercado. Este caldillo lleva chiles jalapeños por picante. Mucho más elaborado, como explica su propio nombre, es el "caldo largo". En esta ocasión los ingredientes marineros son un lujo: robalo, mojarra, camarón, langostino y jaiba. Abundantes hierbas de olor, además, aceitunas y alcaparras.Sigue, y vale también como una comida entera, bajo el tradicional nombre de tlalpeño, un caldo mexicano de pollo, verduras, carne de res y chile chipotle.

Hemos llegado, así, a las sopas, donde destaca, una receta tradicional, popular en toda la nación o, más exactamente, en todo el universo del maíz. Se trata de una versión de la llamada "sopa azteca", es decir, una sopa de tortillas, fritas éstas en manteca, con jitomate, sus ramitas de hierbabuena y una pizca de comino.

Los potajes-comida, platillos únicos en versión colimeña, son cuatro. El primero de ellos responde al nombre de sopa de boda o fiesta. Es un verdadero puchero local en el que abunda el garbanzo y destacan, por conspicuos, varios ingredientes: naranja agria, la triada árabe española de las pasitas, las almendras y las aceitunas, y unos mexicanos plátanos machos fritos. La fiesta es doble: la que se celebre y la que deberá hacer primero, en sus dominios, el cocinero o cocinera que prepare este platillo, quizá más perdurable que el acontecimiento al que está dedicada.

El pozole colimense es otro platillo de resistencia. Aquí se consigue al agregar al maíz un caldo con espinazo, pierna, patas, orejas, cabeza y cola de puerco; hierbas de olor y chile cascabel o cora seco. Por su lado, el menudo colimense ofrece como lujo y novedad el azafrán y los chiles verdes. Y luego un mole de olla, muy popular en esta región. Las carnes son de cerdo y pollo pero sobresalen en él, como verduras, el chayote, el maíz, las calabacitas, los ejotes y el caldillo de jitomate y cebolla, fritos con pasta de mole.

Dos arroces sirven de colofón a este apartado. Uno blanco, muy sencillito, con granos de elote y chile pasilla verde. Y un buen arroz sencillo que, como se sabe, es uno de los platos más sabrosos y difíciles de hacer en el mundo: una piedra de toque para los artistas de la cocina. Al final, se revelan los secretos de un arroz que se estila en las bodas de tepames. La versión tiene parte de la fórmula tradicional en rojo y propone que se sirva con huevo cocido y pechuga deshebrada encima.

Sólo las ollas saben los hervores de sus caldos

Caldillo de frijoles

- *1/2 k frijol*
- *4 cucharadas de aceite*
- *4 cucharadas de cilantro picado*
- *3 dientes de ajo*
- *2 jitomates*
- *1 cebolla chica*
- *· consomé de pollo en polvo*
- *· galletas saladas*
- *· queso seco*

- Licuar los jitomates asados con ajo y cebolla; colarlos y freírlos.
- Licuar los frijoles cocidos (deben quedar de consistencia cremosa) y agregarlos al jitomate ya sazonado; añadir consomé de pollo.
- Agregar el cilantro y dejar que dé un hervor; retirar del fuego e incorporar el queso en trozos.
- Servir con galletas saladas.
- Rinde 8 raciones.

Caldillo de camarón

- *1 k camarones*
- *2 dientes de ajo*
- *1 jitomate grande*
- *1 rama de cilantro*
- *1 trozo de cebolla*
- *· sal, al gusto*

- Lavar y cocer los camarones con sal y un trozo de cebolla.
- Incorporar el jitomate y los ajos molidos; al final, la rama de cilantro; dejar hervir durante veinte minutos.
- Servir con jugo de limón y galletas saladas.
- Rinde 8 raciones.

Caldo largo

- *2 langostinos*
- *1 jaiba*
- *1/4 k camarones*
- *300 g mojarra*
- *300 g robalo*
- *3 cucharadas de mole rojo en pasta*
- *1 cucharada de vinagre*
- *1/4 litro de vino blanco*
- *3 clavos de olor molidos*
- *3 dientes de ajo*
- *1 cebolla picada*
- *1 raja de canela molida*
- *1 ramita de cilantro*
- *1 ramita de perejil*
- *1 trozo de cebolla*
- *· aceite de oliva*
- *· aceitunas*
- *· alcaparras*
- *· chiles en vinagre*
- *· hierbas de olor*

- Lavar y cocer el pescado con los mariscos; añadir hierbas de olor, vino blanco y cebolla.
- Escurrir el pescado y los mariscos cocidos y quitarles piel y espinas; reservar el agua de cocción.
- Freír en aceite de oliva, ajo, cebolla, perejil y cilantro.
- Agregar el mole y sofreír. Añadir el agua de cocción, pescado y mariscos, canela y clavos (en caso necesario, añadir más agua).
- Sazonar con sal y cocer durante quince minutos.
- Servir con chiles, aceitunas y alcaparras.
- Rinde 8 raciones.

Caldo de chacales (langostinos de río)

1 k	*chacales*
375 g	*jitomate*
3	*dientes de ajo*
·	*aceite o manteca*
·	*chiles secos*
·	*cominos*
·	*cilantro y sal*

- Limpiar y lavar los chacales. Ponerlos a fuego lento, en una cacerola sin aceite, para que se sequen.
- Ya que estén de color naranja, añadirles aceite o manteca hasta que medio doren.
- Incorporar el jitomate molido, chiles, ajo, cominos y agua al gusto; enseguida, una rama de cilantro y sal.
- Dejar hervir hasta que estén bien cocidos (debe quedar caldoso).
- Rinde 8 raciones.

Caldillo de pescado

1	*huachinango o robalo mediano*
2	*jitomates*
1	*cebolla*
·	*aceite de oliva*
·	*chiles jalapeños*
·	*limones*
·	*orégano seco*
·	*sal y pimienta molida*

- Moler jitomates, cebolla y ajo; freír en aceite muy caliente.
- Añadir agua suficiente y el pescado limpio y cortado en trozos regulares (la cabeza se parte en dos).
- Cuando empiece a hervir, agregar sal y pimienta, orégano desmenuzado y, por último, los chiles jalapeños cortados en rodajas.
- Dejar hervir durante veinte minutos. Servirlo caliente con limón.
- Rinde 6 raciones.

Caldo tlalpeño

2	*pechugas de pollo*
1/2 k	*carne de res en trozos*
1/2 k	*jitomates asados, sin piel ni semillas*
1/4 k	*calabacitas partidas en cubos*
1/4 k	*chícharos pelados*
2	*cucharadas de aceite*
2	*aguacates*
1	*chile chipotle seco*
1	*cebolla mediana*
1	*diente de ajo*
1	*hueso de tuétano*
1	*ramita de apio*
1	*ramita de epazote*
·	*limones*
·	*sal, al gusto*

- Cocer la carne con el hueso de tuétano, ajo, la mitad de cebolla y la ramita de apio, en suficiente agua; a medio cocimiento, incorporar las pechugas y sal.
- Cocer aparte, en un poco de agua con sal, calabacitas y chícharos.
- Remojar el chile chipotle durante treinta minutos. Moler el jitomate, el chile y el resto de la cebolla, colar y freír en aceite.
- Agregar esta salsa al caldo; añadir el epazote y las verduras. Sazonar y dejar hervir a fuego suave.
- Servir muy caliente con el pollo deshebrado, rajas de aguacate y limón.
- Rinde 8 raciones.

Sopa de boda o de fiesta

- *1 gallina partida en raciones*
- *1/2 k jitomate molido con un trozo de cebolla*
- *250 g chorizo*
- *150 g garbanzo, remojado y cocido*
- *100 g aceitunas*
- *100 g almendras remojadas y peladas*
- *100 g pasas sin semilla*
- *1 taza de chícharos*
- *1 taza de ejotes picados*
- *1 taza de fruta en vinagre, picada*
- *1/2 cucharadita de semillas de cilantro tostadas*
- *12 bolillos grandes, rebanados*
- *4 huevos cocidos, rebanados*
- *3 papas grandes*
- *3 zanahorias*
- *2 naranjas agrias*
- *2 plátanos machos, rebanados y fritos*
- *· azúcar*
- *· manteca*
- *· tortillas*
- *· sal, al gusto*

- Rebanar el pan, freír la mitad en manteca y la otra parte dorarla en el horno.
- Cocer las verduras en agua con sal; freír el chorizo y cocer la gallina.
- Freír la salsa de jitomate, agregar 2 1/2 litros de caldo de gallina; dejar hervir.
- Moler las semillas de cilantro en el metate y bajarlas con un poco de caldo; añadirlas a la preparación anterior.
- Agregar jugo de naranja agria, un poco de azúcar y sal al gusto.
- Colocar tortillas en el fondo de una cazuela untada con manteca (para evitar que la sopa se queme).
- Acomodar encima una capa de pan, el pan frito y el tostado, huevo cocido, pedacitos de gallina, otra capa de pan y así sucesivamente.
- Agregar al final el caldillo; poner la cazuela a fuego lento.
- Servir con aceitunas, pasas, almendras, huevo, fruta en vinagre y plátanos.
- Rinde 15 raciones.

Menudo colimense

- *1 1/2 k menudo limpio*
- *2 cucharadas de arroz*
- *1 cucharada de azafrán*
- *5 limones partidos*
- *2 rabos de cebolla*
- *1 cabeza de ajo*
- *1 cebolla finamente picada*
- *· chiles verdes serranos*
- *· jugo de limón*
- *· ramitas de hierbabuena*
- *· sal, al gusto*

- Lavar muy bien el menudo; dejarlo en suficiente jugo de limón durante varias horas para eliminar el mal olor.
- Volver a lavarlo y cocerlo con el agua necesaria, rabos de cebolla, ajos y hierbabuena (en olla de presión se cuece en cuarenta minutos aproximadamente).
- Moler azafrán en el molcajete y bajarlo con un poco de caldo.
- Remojar el arroz y molerlo; dejar hervir todo junto.
- Agregar chiles verdes enteros, sazonar con sal y dejar cocer.
- Servir caliente, con cebolla y jugo de limón.
- Rinde 10 raciones.

Sopa azteca

1 k	*tortillas frías*
1/2 k	*jitomate*
200 g	*manteca*
100 g	*queso rallado*
3	*ramitas de hierbabuena*
2	*tazas de caldo*
1	*cebolla grande*
·	*pizca de cominos*
·	*sal, al gusto*

- Cortar en tiras las tortillas y dorarlas en manteca. Escurrir el exceso de grasa. Freír jitomate, cebolla y ramitas de hierbabuena (picados).
- Añadir caldo, cominos, tortillas y sal.
- Dejar a fuego lento durante quince minutos, con la cacerola tapada.
- Servir con queso rallado.
- Rinde 8 raciones.

Pozole colimense

2 k	*espinazo de puerco*
2 k	*pierna, patas, orejas y cola de puerco*
2 k	*maíz para pozole*
1/2	*cabeza de puerco*
2	*cucharadas de cal*
1	*cucharadita de bicarbonato*
6	*litros de agua*
1	*cabeza de ajo*
·	*cebolla picada, limones y chiles, al gusto*
·	*sal, al gusto*
·	*Salsa*
1 k	*tomates verdes*
100 g	*chile cascabel*
2	*cucharadas de manteca*
3	*dientes de ajos*
·	*sal, al gusto*

- Remojar el maíz en agua fría durante doce horas; lavarlo y ponerlo a cocer con cal. Dejar que hierva un poco.
- Retirar y dejar enfriar; restregar muy bien, descabezar y lavar; cocer en seis litros de agua, con la cabeza de ajo.
- Cuando empieza a reventar el maíz, añadir una cucharadita de bicarbonato y la carne cruda (las patas, orejas y cola se cuecen aparte); condimentar con sal.
- Dejar hervir hasta que la carne y el maíz estén cocidos. El cocimiento de este pozole tarda ocho horas aproximadamente.
- Moler en el metate granos de pozole cocidos para espesarlo.
- Servir con cebolla picada, salsa y jugo de limón.
- Para preparar la salsa, hay que tostar los chiles en el comal y moler con los ajos y los tomates cocidos; freír en manteca y sazonar con sal.
- Rinde 15 raciones.

Arroz blanco

150 g	*mantequilla*
1	*taza de arroz*
2	*chiles chilaca (pasilla)*
·	*aceite*
2	*elotes*
1	*diente de ajo*
1/2	*cebolla chica*
·	*sal y pimienta, al gusto*

- Remojar el arroz durante quince minutos; escurrir y freírlo con cebolla y ajo picados.
- Cuando esté cristalino, añadir los elotes desgranados, el chile en cuadritos, mantequilla, dos tazas de agua y pimienta; cocer a fuego lento hasta que se reseque.
- Rinde 6 raciones.

Arroz para boda en Tepames

- 13 *tazas de agua hirviendo*
- 2 *tazas de caldo de pollo*
- 1 *taza de aceite*
- 1 *taza de arroz*
- 3 *chiles serranos*
- 2 *dientes de ajo*
- 1 *jitomate grande maduro*
- 1 *rama de perejil*
- 1/2 *cebolla*
- · *sal y pimienta, al gusto*

- Lavar perfectamente el arroz; remojarlo en agua caliente durante cinco minutos. Escurrir, enjuagar y volver a escurrir.
- Calentar la manteca en una cazuela de barro y dorar en ella arroz; revolver de vez en cuando.
- Al adquirir color dorado claro, retirar la manteca sobrante.
- Moler, sin agua, el jitomate con ajo y cebolla. Colar y verter sobre el arroz. Dejar hervir unos minutos a que sazone el jitomate.
- Agregar caldo, perejil, chiles serranos, sal y pimienta. Cuando empieza a hervir, tapar y reducir la flama. (Al consumirse el líquido, el arroz queda listo.)
- Adornar con rebanadas de huevo cocido y pechuga de pollo deshebrada. Servir.
- Rinde 6 raciones.

Mole de olla

- 1 *pollo partido en piezas*
- 1/2 k *carne maciza de cerdo, en trozos*
- 1/2 k *masa*
- 1/4 k *calabacitas en cuadros*
- 1/4 k *chayote pelado y picado en cuadros*
- 1/4 k *ejotes partidos*
- 2 1/2 *litros de agua*
- 1/4 *taza de puré de jitomate*
- 2 *cucharadas de manteca de cerdo*
- 3 *cucharadas de mole en pasta*
- 4 *dientes de ajo*
- 4 *elotes partidos por la mitad*
- 1/2 *cebolla picada*
- · *epazote*
- · *manteca*
- · *sal y pimienta, al gusto*

- Freír en manteca ajo, cebolla y mole disuelto en caldo. Agregar puré de jitomate y dejarlo sazonar.
- Añadir agua, carne, pollo, ejotes y elotes; cocer a fuego suave.
- Batir la masa con manteca y sal y formar unas bolitas ahuecadas con la punta del dedo.
- Rellenarlas con epazote y, a media cocción, añadirlas al caldo junto con los chayotes, calabacitas y pimienta.
- Servir en plato hondo con tortillas calientes.
- Rinde 8 raciones.

III
Mariscos y Pescados

MARISCOS Y PESCADOS

En varias entidades de la costa del Pacífico, un langostino o camarón grande, de agua dulce, suele responder también al pintoresco nombre de chacal. Cinco buenas recetas se nos ofrecen aquí a base de chacales y camarones. La primera es, quizá, la más conocida: la del camarón al mojo de ajo. Sigue otra en donde los chacales se preparan en un adobo a base de chile guajillo, remojado en vinagre y con una diminuta pizca de jengibre. Tal ingrediente evoca el otro lado del océano, la influencia de Oriente, al que tanto tiempo estuvo ligado el comercio marítimo del Pacífico.

Camarones a la diabla, con mezcla de salsa dulce de jitomate, el famoso "catsup" norteamericano, y chile de árbol seco, es una atrayente versión para paladear el sabroso marisco. Por último, las tortitas de camarón preparadas con el crustáceo seco y molido, nopalitos y frijol negro, y las albóndigas de chacal, confeccionadas con arroz y chile, son opciones más populares.

De las costas colimeñas también llega un par de recetas sobre una variedad singular: la lapa. Primero se nos sugieren en pedacitos, hervidas con arroz, para que los blancos granos queden impregnados de su sabor. Como alternativa, una receta para tomarlas en frío, ya que se han freído en jitomate molido con cebolla y con dos huevos batidos. Como guarnición se sugiere, en este caso, fruta en vinagre y aceitunas.

El ceviche no podía faltar. Se presenta en la forma tradicional y posiblemente más apetitosa: a base del pescado sierra y se recomienda esta especie, según aclara con sabiduría la receta, porque al no tener escamas se presta muy bien para rasparlo en crudo. Tal como debe hacerse para lograr un buen ceviche.

Con atún, aunque la receta se refiere específicamente al pez vela o marlin, si bien todo dependerá de la suerte que se tenga en la pesca, se puede preparar un delicioso salpicón, bien aderezado, con lujo de sabores e influencia muy española: a más del aceite de oliva pide alcaparras, aceitunas, laurel, tomillo y vinagre. Con guavina o trucha de agua dulce se propone un pescado frito rebozado en huevo y servido en caliente. Es más, se recomienda prepararlo momentos antes de comer, "pues es muy sabroso recién hecho".

Para terminar esta deleitosa sección de mar, a la que con tanto gusto recurre la cocina familiar colimeña, un fino huachinango al vino blanco con hierbas de olor, y abundante limón para marinar el pescado previamente, se ofrece horneado y adornado con perejil y pepinos.

La mujer y la sardina, entre más chica más fina

Camarones al mojo de ajo

1 k	*camarón (crudo)*	❦ Poner al fuego una cacerola con un poco de aceite y la mitad de la mantequilla.
125 g	*mantequilla*	❦ Agregar los camarones lavados y escurridos, revolver hasta que estén medio cocidos (o sea, cuando tomen color rojo).
1	*cucharadita de consomé de camarón concentrado*	❦ Añadir los condimentos licuados (ajos pelados, vinagre, mitad de la mantequilla, cucharadita de consomé, pimientas negras y sal).
1	*cucharadita de vinagre*	❦ Revolver, tapar y dejar cocer a fuego lento durante diez minutos (deben quedar un poco secos).
3	*pimientas negras*	❦ Servir con galletas saladas y limón.
2	*cabezas de ajo (grandes)*	❦ Rinde 8 raciones.
·	*aceite*	
·	*sal, al gusto*	

Chacales o camarones en adobo

18	*chacales cocidos*	❦ Remojar los guajillos en vinagre; moler con ajo, pimienta, jengibre y sal; colar (esta mezcla debe quedar espesa).
25 g	*chiles guajillo secos*	❦ Freír en aceite (previamente, freír y retirar un ajo).
3	*ajos*	❦ Agregar el adobo e introducir los chacales; dejar hervir.
·	*aceite*	❦ Servirlos calientes con ensalada de col.
·	*un pedacito de jengibre*	❦ Rinde 6 raciones.
·	*pimienta y sal, al gusto*	

Camarones a la diabla

1 k	*camarón (crudo)*	❦ Poner al fuego una cacerola con un chorrito de aceite y la mitad de la barra de mantequilla.
125 g	*mantequilla (1 barra)*	❦ Agregar los camarones lavados y escurridos; dejarlos medio cocer hasta que estén de color rojo.
1	*cucharadita de consomé de camarón*	❦ Añadir los condimentos licuados con la otra media barra de mantequilla (los chiles en crudo, la taza de salsa de jitomate, vinagre, pimientas, consomé y sal).
1	*cucharadita de vinagre*	❦ Tapar y dejar cocer a fuego lento durante diez minutos. Servir con galletas saladas.
1	*taza de salsa dulce de jitomate*	❦ Rinde 8 raciones.
3	*pimientas negras*	
·	*aceite*	
·	*chiles de árbol secos*	
·	*sal, al gusto*	

Lapas

6	*lapas*	❦ Cocinar el arroz con las lapas en pedacitos, para que tome al sabor de éstas. Sazonar con sal y pimienta.
1	*taza de arroz (guisado)*	❦ Rinde 6 raciones.
·	*sal y pimienta, al gusto*	

Lapas en frío

6 *lapas grandes*
1 *cucharada de manteca*
1 *taza de salsa de jitomate*
12 *aceitunas*
2 *huevos*
· *fruta en vinagre*
· *vinagre, pimienta y sal, al gusto*

- Cocer las lapas y partirlas en pedacitos.
- Freírlas en aceite o manteca; agregar la salsa de jitomate (molido con un trozo de cebolla) y, por último, los huevos batidos. El guiso debe quedar seco.
- Sazonar con sal, pimienta y el vinagre de la fruta.
- Adornar con la fruta en vinagre y aceitunas.
- Rinde 6 raciones.

Tortitas de camarón

1/4 k *nopalitos cocidos*
100 g *camarón seco molido*
1/2 *taza de frijol negro cocido*
2 *chiles anchos*
2 *huevos*
· *aceite*
· *ajo, sal y comino*

- Moler el frijol cocido (debe quedar seco); revolverlo con el camarón molido y los huevos para formar una pasta suave.
- En suficiente aceite caliente freír cucharadas de esta pasta en forma de tortitas; retirar y escurrir.
- Moler los chiles, previamente remojados en agua caliente, con ajo, sal y comino. Freírlos en una cucharada de aceite e incorporar los nopalitos y las tortitas; dar un hervor.
- Rinde 6 raciones.

Albóndigas de chacal

1/2 k *chacales grandes*
250 g *jitomate*
200 g *tomate verde*
1 *cucharadita de cominos*
3/4 *taza de arroz*
3 *ramas de cilantro*
2 *chiles pasilla frescos (chilaca)*
2 *cebollas chicas*
2 *dientes de ajo*
1 *huevo*
1 *rabo de cebolla*
· *sal, al gusto*

- Pelar los chacales y molerlos con arroz crudo; añadir y revolver el huevo. Formar bolitas a las que se les añade cebolla, tomate y un poco de cilantro, todo picado; sazonar con comino y sal.
- Freír, en dos cucharadas de aceite, el jitomate, la cebolla restante y el rabo de cebolla, todos picados, y una taza de agua.
- Al hervir, agregar rajas de chile pasilla, cilantro, las cabezas de chacales y las bolitas.
- Dejar hervir durante veinte minutos, a fuego suave.
- Rinde 6 raciones.

Ceviche

1 1/2 k *pescado (sierra)*
1 *taza de fruta en vinagre*
1 *taza grande de cebolla y jitomate picados*
3/4 *taza de aceite de oliva*
1/2 *taza de aceitunas*
1 *vaso de vinagre de buena calidad*
· *jugo de limón*
· *perejil picado y orégano*
· *salsa picante*
· *sal y pimienta, al gusto*

- Quitarle la piel al pescado con un cuchillo, partirlo en cuadritos y cocerlo en jugo de limón durante una hora (se recomienda la sierra porque no tiene escamas y se puede raspar en crudo).
- Agregar cebolla y jitomate, aceitunas y fruta en vinagre picada, mezclar y añadir perejil, vinagre, aceite, sal, pimienta y orégano en polvo.
- Servir con galletas saladas.
- Rinde 10 raciones.

Salpicón

1 k *pez vela o marlin*
3 *jitomates*
2 *hojitas de laurel y una rama de tomillo*
1 *cebolla*
· *aceite de oliva*
· *aceitunas y alcaparras*
· *ajo, pimienta y vinagre*
· *chiles en vinagre*
· *sal, al gusto*

- Cocer el pescado en poca agua con sal; enfriar y desmenuzar.
- Calentar un poco de aceite de oliva y freír los jitomates y la cebolla finamente picados; agregar el pescado, ajo, pimienta y sal (molidos en molcajete); vinagre, hojitas de laurel, tomillo, aceitunas y alcaparras.
- Añadir los chiles en vinagre. Dejar hervir diez minutos a fuego suave; retirar y servir.
- Rinde 8 a 10 raciones.

Guavina o trucha

2 k *guavina o trucha*
1/2 k *jitomates asados, molidos y colados*
1 *cucharadita de cebolla picada*
4 *huevos*
1 *chile verde*
1 *rama de cilantro fresco*
· *manteca o aceite*
· *una pizca de azúcar*
· *sal, al gusto*

ß Lavar el pescado y cortar las aletas y la cola.
ß Partirlo en trozos grandes porque tiene poca carne, espolvorearlos con sal y dejarlos en reposo durante una hora.
ß Batir aparte el huevo: primero las claras a punto de turrón y después las yemas.
ß Forrar los trozos de guavina con huevo batido y freírlos en manteca o aceite caliente, a fuego suave, para que se cuezan y se doren bien.
ß Servir con una rebanada de limón y salsa (ésta se prepara con jitomates, chile verde, cebolla, cilantro y azúcar, molidos y fritos).
% Rinde 8 raciones.

Huachinango al vino blanco

1 k	*filete de huachinango*
2	*cucharadas de harina*
1	*lata de pepinos en vinagre*
1	*vaso de vino blanco*
3	*limones grandes*
3	*ramas de perejil*
2	*hojas de laurel, una ramita de tomillo y una de mejorana*
1	*cebolla*
·	*aceite*
·	*sal y pimienta, al gusto*

- Lavar el pescado y macerarlo con sal, pimienta y jugo de limón.
- Acitronar en aceite caliente la cebolla finamente picada; agregar la harina; cuando se dore, añadir vino blanco, hojas de laurel, tomillo y mejorana; sazonar con sal y pimienta; dejar hervir.
- Bañar con esta salsa al pescado y meterlo al horno a cocer.
- Al servir, adornar con perejil y pepino picados.
- Rinde 8 raciones.

Colima

IV Aves y Carnes

AVES Y CARNES

Paquete sorpresa, la primera de las recetas que aparece en este apartado de la cocina familiar colimense es en realidad una original manera de preparar el pollo, envuelto en papel de aluminio, con un rico aderezo a base de una salsa de chiles guajillo y pasilla, canela, clavo y, como verdadera novedad, hojas de ciruelo.

En cazuela, escondido bajo hojas de lechuga y maíz, y con un profuso acompañamiento de especias, verdura y conservas, se cocina un suculento pollo tapado. Son casi infinitas las posibilidades de preparación de las domésticas aves. Continúa, pues, una manera distinta, fundamental, de guisarlas. Para obtener éxito en la preparación de los pollos en su sangre hay que degollarlos en el momento y verter la sangre de los animales sobre un caldo frío con un poco de vinagre y sal, batiendo constantemente para evitar la coagulación. Vino, jugo de naranja y especias complementan la fórmula.

Desde las Indias verdaderas llega a las costas de Colima, enseguida, una receta de pollo al curry. Utiliza polvos de este fino producto, ya envasado, y agrega leche de coco, un poco de jugo de limón y una pizca de jengibre.

Seguimos con el pollo. De laboriosa preparación es la receta de la típica cuachala, a base de masa para tortillas, chiles largos secos, ajo, cebolla y tomate verde. Prosiguen dos pepianes o pipianes, como se les conoce popularmente, para pollo. El primero con chile pasilla y el segundo con guajillo y nopalitos; ambos preparados, como pide la más clásica tradición, con semillas de calabaza.

Verdadero puchero local es el manchamanteles de Colima. Incluye carne de cerdo y de pollo, chiles anchos y un caudal de verduras y sobre todo de frutas locales, entre las que cabe mencionar: chícharos, cebollas, jitomate, camote y piña, perón, cacahuates y plátano.

Con espinazo de cerdo, como se detalló en el apartado de antojitos, se prepara el chilayo. Tanto la receta de esa sección como la que se incluye en este apartado son versiones parecidas del platillo local, y en los dos casos se aconseja servir con arroz blanco. Pero lo cierto es que el chilayo es, a la vez, un antojo y un plato fuerte. Valga, pues, la doble presentación.

El tatemado de puerco es un sabroso modo de aprovechar el cerdo. Se confecciona en cazuela después de haber marinado la carne en vinagre. Es importante incluir costilla, pierna y bandera de puerco, a más de un poco del hueso de la pierna, para obtener mejores resultados.

El "amarillo", por su parte, usa sólo pierna de puerco. A ésta se le añade una salsa hecha por separado con tomate verde, hierbasanta y chiles costeños. También se le agregan papas, chayotes, ejotes y unas "cazuelitas" de masa. Se sirve con limón.

La receta de la chanfaina se da, en esta ocasión, con hígado y bofe de carnero, chorizo y jamón, en una profusa y especiosa salsa que incluye alcaparras, aceitunas, clavo, ajo, vinagre, etc. También con carnero, aunque puede ser de cerdo o de cabrito, se prepara la

Al que te dio el capón, no le niegues el alón

birria que sugiere la cocina familiar colimense. Es una birria que se adereza con su laurel, comino, vinagre, ajo y pimienta, bien molidos. Todo al vapor.

Para disfrutar una suculenta pierna de venado, o a falta de éste, de carnero, se propone mecharla con tocino, y marinarla en una cazuela con bastantes especias por doce horas. Hornearla después en su jugo, con un poco de aceite de oliva y vino blanco. Puede lograrse, así, una experiencia culinaria inolvidable.

Luego, mediante una mezcla de carne de cerdo y de res, pimentón, crema, vino tinto y huevo, se explica el modo de preparar unas "albóndigas a la India" que se bañan con salsa de curry. Se hace presente en la comida cotidiana, de nueva cuenta, una exótica influencia de allende los mares. Y la receta es tan buena como las dos siguientes, con las que termina el apartado. La primera: una apetitosa lengua de res. Obtiene uno de sus mejores resultados en salsa de cacahuate con aceitunas.

Finalmente, si se cuenta con un corte tan fino como el de un buen filete, puede elaborarse un asado a la jardinera, o sea, con guarnición de betabel, nabo, zanahorias, papa y calabacitas. Debe sazonarse con media docena de hierbas de olor, un poco de jamón y algo de chorizo, pues todos ellos se amalgaman maravillosamente en el jugo que suelta la carne al cocerse. Un platillo delicioso.

Paquete sorpresa

- 1 *pollo partido en piezas*
- 4 *chiles guajillo limpios*
- 4 *chiles pasilla secos y limpios*
- 3 *clavos de olor*
- 2 *jitomates crudos*
- 1 *diente de ajo*
- 1 *raja de canela*
- 1 *pizca de cominos*
- 1 *rama de ciruela (hojas)*
- · *sal, al gusto*
- · *papel aluminio*

- Poner al fuego una vaporera con agua.
- Limpiar los chiles y remojarlos en agua caliente; molerlos con el resto de los ingredientes para preparar la salsa.
- Colocar una pieza de pollo en un cuadro de papel aluminio; añadir un poco de salsa, envolver y acomodar en la vaporera; dejar cocer durante una hora.
- Servir caliente, acompañado de arroz.
- Rinde 4 raciones.

Pollo al curry

- 1 *pollo tierno*
- 4 *tazas de caldo*
- 1 *taza de leche de coco*
- 2 *cucharadas de aceite*
- 1 *cucharada de curry*
- 1 *cucharadita de jengibre*
- 1 *cucharadita de jugo de limón*
- 1 *cebolla picada*
- · *sal y pimienta, al gusto*

- Cortar el pollo en piezas y cocer hasta que la carne esté tierna.
- Calentar el aceite y dorar la cebolla; freír ahí mismo el pollo con el jengibre.
- Añadir al final la leche de coco, el curry y el jugo de limón. Sazonar con sal y pimienta.
- Rinde 4 raciones.

Pollo tapado

- 1 *pollo grande*
- 1/2 k *chícharos*
- 1/4 k *papas*
- 50 g *mantequilla*
- 1 *taza de puré de manzana*
- 1 *taza de salsa de jitomate*
- 1/2 *taza de pasas sin semilla*
- 1/2 *taza de vino blanco*
- 1 *lechuga*
- 1 *naranja agridulce*
- 1 *zanahoria*
- · *aceitunas*
- · *almendras*
- · *hojas de maíz*
- · *pimienta, nuez moscada, laurel y sal*
- · *sal y pimienta, al gusto*

- Lavar y refrigerar el pollo doce horas antes de prepararlo y partirlo en cuartos.
- Untarlos de pimienta, nuez moscada, laurel y sal (molidos en molcajete y bajados con jugo de naranja); dejar en reposo media hora.
- Engrasar un molde con mantequilla, acomodar las piezas de pollo, colocar encima una capa de papas crudas rebanadas, otra de chícharos y zanahorias cocidos, trocitos de mantequilla, sal, aceitunas, pasas, almendras peladas, vino blanco y salsa de jitomate.
- Cubrir el molde con hojas de lechuga, y encima, con las hojas de maíz remojadas. Hornear
- Quitar las hojas y dejar dorar en el mismo horno. Sazonar con sal y pimienta.
- Servir con puré de manzana.
- Rinde 6 raciones.

Pollos en su sangre

2	*pollos gordos*
1/2	*taza de vino tinto*
2	*cucharadas de caldo de pollo frío*
2	*cucharadas de manteca*
2	*cucharadas de vinagre*
1	*cucharada de polvo de pan*
2	*naranjas (el jugo)*
1	*hoja chica de laurel*
1	*ramita de tomillo*
·	*jitomates*
·	*sal y pimienta, al gusto*

- Poner en una cacerola el caldo frío, vinagre y sal. Mezclar todo. Sobre este preparado se degüellan los pollos a fin de recibir la sangre caliente
- Mover constantemente para evitar la coagulación. Tapar la cazuela.
- Limpiar y lavar los pollos. Partidos en piezas, ponerles jugo de naranja, sal y pimienta y dejarlos reposar durante una hora. Retirar del jugo y freírlos en manteca.
- Para preparar la salsa, se muelen los jitomates asados con cebolla, laurel, tomillo y sal; colar y freír en manteca.
- Al hervir la salsa, incorporar en ella las piezas de pollo fritas y un poco de caldo; dejar sazonar.
- Verter la sangre preparada, el polvo de pan y, al final, añadir el vino tinto. Servir caliente, acompañado de ensalada de lechuga.
- Rinde 10 raciones.

Cuachala

2	*pollos grandes*
1/2 k	*tomates verdes*
1	*pedazo de masa para tortillas*
8	*chiles pasilla secos*
3	*dientes de ajo*
1	*trozo de cebolla*
·	*cominos, al gusto*
·	*sal, al gusto*

- Cocer los pollos con sal y cebolla. Ya que estén tiernos, dejarlos enfriar.
- Deshebrar las pechugas en tiras muy delgadas, casi en hebra. Picar finamente la mitad de la carne de los pollos y moler la otra parte en el metate.
- Tostar los chiles; cocer los tomates con agua y sal y molerlos con los chiles tostados, los ajos y un poquito de cominos; bajar del metate con caldo de pollo.
- Diluir la masa en caldo, como si fuera atole; colar en este atole el chile y los tomates molidos; mezclar todo muy bien y poner al fuego, sin dejar de mover, hasta que hierva.
- Revolver la carne molida de los pollos con el atole.
- Agregar la pechuga deshebrada a la cuachala así como la carne picada de los pollos. Dejar hervir y sazonar con sal.
- Rinde 12 raciones.

Pipián

2	*pollos grandes*
1/4 k	*semilla de calabaza*
100 g	*maíz nuevo*
50 g	*manteca*
1/2	*cebolla fresca*
3	*ajos*
2	*chiles pasilla*
·	*sal, pimienta y laurel*

- Cocer los pollos en agua con sal y cebolla; partirlos en piezas.
- Tostar el maíz en un comal.
- Freír en manteca las semillas de calabaza, los chiles pasilla y los ajos.
- Moler todo en el metate y bajar con el caldo de pollo; colar.
- Requemar la manteca en una cazuela y freír el pipián.
- Dejar hervir a fuego lento, sin dejar de revolver; agregar las piezas de pollo para que se impregnen; sazonar con laurel, pimienta y sal.
- Requemar aparte un poco de manteca y agregarla al guiso de pipián; dejar hervir de nuevo y servir.
- Rinde 10 a 12 raciones.

Pipián con pollo

- 1 *pollo*
- 1/4 k *semillas de calabaza*
- 150 g *manteca o aceite*
- 4 *tazas de caldo de pollo*
- 2 *cucharadas de harina*
- 3 *pencas de nopal rebanadas y cocidas*
- 2 *chiles guajillo secos*
- 1 *cebolla chica*
- 1 *diente de ajo*
- · *sal, al gusto*

- Dorar las semillas en un comal con cuidado de no quemarlas; molerlas con agua y colar.
- Requemar la manteca, freír la cebolla y la harina; cuando la harina tenga color dorado, agregar las semillas molidas y coladas, los chiles guajillo y el ajo molidos; revolver durante cinco minutos y cocer a fuego lento.
- Cuando la manteca suba a la superficie, dejar hervir cinco minutos más, sin revolver; agregar la carne del pollo cocido (en piezas o desmenuzada).
- Añadir los nopales; sazonar con sal y dejar hervir tres minutos más.
- Rinde 6 raciones.

Chilayo

- 1 k *carne de espinazo de puerco*
- 1/2 *taza de arroz*
- 10 *tomates verdes*
- 2 *chiles pasilla secos*
- 2 *cebollas*
- 2 *jitomates*
- · *ajo y comino, al gusto*
- · *sal, al gusto*

- Cocer el espinazo en suficiente agua con sal y un poco de cebolla cortada en medias lunas.
- Agregar los chiles licuados (previamente remojados), con los jitomates, cebolla, tomates verdes, ajo y comino.
- Añadir luego un puñado de arroz, ya limpio y lavado. Cuando el arroz esté cocido, retirar del fuego.
- Servir con limón y morisqueta (arroz blanco).
- Rinde 8 raciones.

Asado a la jardinera

- 1 k *cebolla*
- 1/2 k *filete de res*
- 1/2 k *jitomate*
- 200 g *papas*
- 100 g *chorizo*
- 50 g *jamón*
- 6 *calabacitas*
- 3 *nabos*
- 3 *zanahorias*
- 2 *hojas de laurel*
- 2 *ramitas de mejorana*
- 2 *ramitas de tomillo*
- 1 *betabel*
- · *aceite*
- · *vinagre*
- · *sal y pimienta, al gusto*

- Mechar la carne con jamón picado en cuadritos.
- Freírla con la cebolla partida en cuatro partes.
- Añadir jitomate cocido y molido y chorizo frito y molido.
- Agregar agua, hierbas de olor, sal y pimienta.
- Dejar hervir hasta que la carne suavice y el caldillo se espese.
- Servir con verdura cocida y picada, con sal, vinagre y pimienta.
- Rinde 6 raciones.

Birria de cabrito (carnero o cerdo)

1	cabrito chico
10	ajos
6	hojas de laurel
·	cominos y pimientas enteras
·	vinagre
·	sal, al gusto
•	Salsa
50 g	chile cascabel, remojados
2	dientes de ajo
1	cebolla chica
·	orégano seco
·	vinagre
·	cominos, pimienta y sal

- Moler las especias en molcajete y bajarlas con vinagre.
- Limpiar y colocar el cabrito, en trozos, en una cazuela grande; untarle las especias molidas. Tapar herméticamente y cubrir con masa para evitar que el vapor se salga.
- Se puede preparar en olla de presión (20 a 30 minutos) o en el horno.
- Servir con salsa (para prepararla, hay que moler los chiles con las especias indicadas y vinagre; añadir cebolla, ajo picado finamente y orégano seco).
- Rinde 12 a 15 raciones.

Pierna de venado (o carnero)

2 1/2 k	pierna sin hueso
100 g	tocino
1	taza de vino blanco
1/2	taza de aceite de oliva
1/2	litro de caldo desgrasado
6	ajos
2	zanahorias grandes
·	laurel
·	perejil, un manojito
·	tomillo
·	vinagre
·	pimienta y sal, al gusto

- Eliminar pellejos y sebo de la pierna. Picarla con un tenedor para que se pueda impregnar bien.
- Mecharla con tocino y sazonar con sal y pimienta.
- Acomodarla en una cazuela alargada; cubrirla con caldo, vinagre, ajos picados, perejil, laurel y tomillo (debe permanecer en esta preparación doce horas).
- Secarla con un lienzo limpio; untarla por todos lados con aceite de oliva; acomodarla en una cazuela honda.
- Añadir vino blanco y zanahorias partidas en ruedas y meter en horno templado; darle vueltas con frecuencia y bañarla con su propio jugo.
- Ya que esté tierna, rebanarla y servirla en su jugo.
- Rinde 20 raciones.

Tatemado de puerco

1 k	pierna de puerco
1/2 k	hueso de pierna de puerco
1/4 k	bandera de puerco
1/4 k	costilla de puerco
50 g	chiles guajillo remojados
1/2	taza de vinagre
1	cebolla grande rebanada
·	cominos, clavo, canela, ajo, jengibre y tomillo
·	rábanos y lechuga
·	sal, al gusto

- Lavar y partir la carne en pedazos. Agregar vinagre y sal; dejar reposar tres horas.
- Moler los chiles guajillo y todas las especias; verter a la cazuela junto con la carne y hornear aproximadamente durante dos horas.
- Adornar con cebolla desflemada, rabanitos y lechuga.
- Rinde 10 raciones.

Albóndigas a la India

1/4 k	*carne de puerco*
1/4 k	*carne de res*
4	*cucharadas de bizcochos molidos*
2	*cucharadas de consomé en polvo*
1	*cucharada de cebolla picada*
1/2	*cucharada de pimentón*
1/2	*taza de crema espesa*
1/2	*vaso de vino tinto*
2	*huevos*
·	*aceite*
·	*pimienta, al gusto*

•	*Salsa*
1	*taza de chícharos cocidos*
1	*taza de leche*
1	*taza de palmitos*
1/2	*taza de crema espesa*
1	*cucharada copeteada de harina de trigo*
1	*cucharada de curry*
1	*cucharada de mantequilla*
·	*sal, al gusto*

- Moler la carne con el pimentón; añadir los demás ingredientes; revolver y formar las albóndigas; freírlas en aceite a que doren.
- Para preparar la salsa se debe hervir la leche con harina, sal y mantequilla, hasta espesar; retirar del fuego y agregar el curry, crema y chícharos.
- Mezclar todos los ingredientes.
- Al servir, añadir el palmito cortado.
- Rinde 6 raciones.

Manchamanteles

2	*pollos en piezas*
1/2 k	*lomo de cerdo cortado en tiras*
1/4 k	*chícharos cocidos*
750 g	*jitomates asados y sin semillas*
6	*cucharadas de aceite*
2	*cucharadas de cacahuates pelados y fritos*
1	*cucharada de azúcar*
1	*cucharada de vinagre*
2	*rebanadas de pan blanco (bolillos fritos)*
2	*rebanadas de piña en trocitos*
8	*chiles anchos*
4	*dientes de ajo*
3	*perones rebanados*
1 1/2	*cebolla*
1	*camote mediano cocido y rebanado*
1	*plátano macho rebanado*
·	*hierbas de olor*
·	*sal, al gusto*

- Remojar los chiles (previamente asados y desvenados) en agua caliente con vinagre y sal durante treinta minutos.
- Moler con ajo, cebolla, cacahuate, pan y jitomate; freír esta salsa y dejarla concentrar.
- Cocer el pollo con cebolla, ajo, hierbas de olor.
- Freír el lomo y cocerlo en poca agua.
- Incorporar a la salsa el pollo, la carne de cerdo, la fruta y verduras con un poco de caldo.
- Sazonar con sal y azúcar; dejar hervir hasta que espese la salsa.
- Rinde 8 raciones.

Amarillo

- *1 k* *pierna con hueso*
- *1/4 k* *ejotes*
- *100 g* *chiles costeños*
- *100 g* *masa*
- *10* *tomates verdes de cáscara*
- *2* *chayotes*
- *2* *hojas de hierbasanta*
- *2* *papas*
- · *ajo y comino*
- · *limón*
- · *manteca*
- · *sal, al gusto*

- Cocer la pierna con hueso, cortada en trozos, con sal; añadir las papas cortadas en cuatro, los chayotes cortados en cuadros y los ejotes limpios, cortados a la mitad.
- Por separado, tostar los chiles en un comal y molerlos con ajo, comino y tomates verdes; freír todo en poca grasa, incorporar la carne y las verduras cocidas y, finalmente, las hojas de hierbasanta.
- Por último, amasar y hacer pequeñas bolitas que se oprimen en el centro a manera de cazuelitas. Agregarlas al guiso.
- Servir este platillo con limón.
- Rinde 8 raciones.

Chanfaina

- *1/2 k* *hígado de carnero*
- *1/2 k* *bofe de carnero*
- *150 g* *jamón en tiras*
- *100 g* *manteca o aceite*
- *1* *cucharada de ajonjolí tostado*
- *1* *cucharadita de azúcar*
- *1/4* *taza pequeña de alcaparras*
- *1 1/2* *litro de caldo*
- *3* *piezas de chorizo seco*
- *16* *aceitunas*
- *2* *ajos*
- *2* *cebollas tiernas*
- *2* *clavos*
- *2* *jitomates asados*
- *1* *pedazo de pan blanco tostado*
- · *hojas de epazote*
- · *sal y pimienta, al gusto*

- Cocer el hígado y el bofe en agua con sal; cortar en trocitos y agregar el jamón en tiras.
- Freír junto con los chorizos; escurrir la manteca; partir los chorizos a lo largo, por la mitad.
- Licuar pan tostado, cebollas, ajos, clavos, jitomates asados, ajonjolí tostado y epazote.
- Freír en la misma grasa de la carne; incorporar alcaparras, aceitunas, caldo, azúcar, vinagre, sal y pimienta.
- Dejar a fuego suave hasta que la carne se cueza bien. El caldillo debe quedar espeso.
- Rinde 8 raciones.

Lengua en salsa de cacahuate

- *1/2 k* *lengua de res cocida*
- *100 g* *aceitunas*
- *3* *cucharadas de cebolla picada*
- *2* *cucharadas de aceite*
- *2* *cucharadas de crema de cacahuate*
- *1/4* *cucharada de ajo en polvo*
- *1 1/2* *tazas de puré de jitomate*

- Acitronar la cebolla en aceite; agregar puré de jitomate, ajo y crema de cacahuate. Mover y dejar sazonar.
- Añadir un poco de caldo y rebanar la lengua muy delgada.
- Servir con salsa y aceitunas.
- Rinde 6 raciones.

Verduras

VERDURAS

Colima posee un rico y variado huerto. Por ello, las recetas que se ofrecen en este apartado son variadas y originales. Se inicia con una torta de coles, que tiene trazas de poseer profundas raíces campesinas centroeuropeas. Col, garbanzo, jitomate y cebolla, bien enriquecidos con tuétano, sesos, manteca, huevo y ajonjolí, hacen este complejo pastel, bastimento-comida del trabajador agrícola.

Más modestas, casi humildes parecen las mexicanas calabacitas; también enriquecidas en este caso por el relleno de queso, cebolla, jitomate y pan molido. La fórmula resulta delicada y apetecible.

La ensalada de nabos, tubérculo de fácil cultivo, que desgraciadamente no se consume mayormente a pesar de su precio accesible, lleva zanahorias, aceitunas y su aderezo de aceite, vinagre y hierbas de olor.

Continúa una receta "nacional", la del guacamole. Se sugiere, en esta receta, con granada dulce. Cabe señalar algunos puntos finos: conviene empastar con tenedor de madera para no manchar la verde y preciosa mantequilla vegetal; poner la sal al servir, pues hacerlo mucho antes ennegrece la preparación: mientras se sirve, es prudente dejar los huesos del aguacate en el guacamole, con lo que también se evita que se llegue a manchar.

El omnipresente y mexicanísimo nopal no podía faltar, si bien Colima es una entidad en donde predomina la agricultura semitropical. Se nos ofrecen dos recetas, la primera lleva un nombre que suena a definición, exageradilla y de buen humor: "caviar mexicano"; mientras que la segunda también fue bautizada de simpática manera: "indios vestidos". En el primer caso, los nopalitos ya limpios se cortan en cuadritos y se cuecen para después agregarlos a un sopito de jitomate, cebolla y chile seco –morita o de árbol–. Finalmente se agregan sobre ellos, uno por uno, seis huevos para que se cuezan enteros. En la segunda receta, los nopales van enteros y se rellenan con queso, luego se doblan como quesadillas para capearlos con huevo batido y bañarlos con salsa de jitomate.

Se presenta enseguida la manera de condimentar una ensalada jardinera. Una receta sencilla y agradable, con lechuga romana, jitomate, apio, queso, huevo cocido y aceitunas. A continuación se ofrecen unos chiles pasilla verdes, es decir, chilaca, rellenos de queso seco, capeados también y además bañados de una salsa a base de verduras. Una variante de esta receta, bautizada con el curioso nombre de menguiche, se prepara con chiles asados y en rajas, a más de queso ranchero; se agrega crema al final para mayor riqueza. Se pide que los quesos sean grandes y, si es posible, sustituir la crema por buen jocoque. En suma, una deliciosa preparación.

¿Para qué las tiras verdes, si maduras caen solitas?

Torta de coles

300 g jitomate
3 cucharadas de ajonjolí
3 cucharadas de tuétano
3 cucharadas de vinagre
2 cucharadas de cebolla
2 cucharadas de manteca
2 cucharadas de perejil picado
1 taza de garbanzos (opcional)
2 dientes de ajo
2 huevos
1 col separada en ramitos
1 par de sesos cocidos

- Cocer la col y los garbanzos, por separado.
- Picar la col y freír en manteca; añadir jitomates y la cebolla frita aparte, con dientes de ajo, perejil y vinagre.
- Batir los huevos y mezclarlos con la preparación anterior; agregar allí mismo el tuétano y los sesos cocidos y picados.
- Untar huevo batido, añadir ajonjolí y cocer en el horno.
- Servir con caldillo de jitomate.
- Rinde 6 raciones.

Caviar mexicano

2 tazas de caldo
10 nopales tiernos
6 huevos
2 dientes de ajo
2 jitomates
1 cebolla
1 rama de cilantro
· aceite
· chile seco (morita o de árbol)
· sal

- Limpiar y cortar en cuadritos los nopalitos; cocerlos en agua hirviendo con un diente de ajo, media cebolla y sal; retirar del fuego, escurrir y enjuagar.
- Licuar el jitomate con el otro diente de ajo, media cebolla y los chiles remojados; colar y freír hasta que sazonen.
- Añadir los nopales, el cilantro picado y el caldo; hervir a fuego lento.
- Bajar la flama y agregar los huevos, uno por uno, para que se cuezan enteros. Servir luego.
- Rinde 8 raciones.

Ensalada de nabos

1/4 k nabos cocidos
1/4 k zanahorias cocidas
2 cucharadas de cebolla picada
1/2 cucharadita de orégano
1/2 taza de aceitunas deshuesadas
1/4 taza de aceite
1/8 taza de vinagre
2 dientes de ajo
1 pizca de cominos
· chiles jalapeños en vinagre

- Picar en cuadritos los nabos y las zanahorias (con cuidado para que no se desbaraten).
- Agregar chiles y aceitunas picadas, orégano, cominos, aceite, vinagre, cebolla y ajos. Mezclar y servir.
- Rinde 6 raciones.

Guacamole

1 *cucharadita de cebolla picada*
3 *aguacates*
1 *granada*
· *chile*
· *limón y sal, al gusto*

- Machacar el aguacate con un tenedor de madera para que no se manche. Pelar la granada.
- Incorporar cebolla, chile, limón y los granos de la granada al guacamole.
- Añadir la sal en el momento de servir porque ennegrece al aguacate.
- Rinde 8 raciones.

Calabacitas rellenas estilo Colima

1/4 k *queso amarillo picado*
100 g *mantequilla*
4 *cucharadas de pan molido*
6 *hojas de lechuga romanita*
6 *calabacitas redondas cocidas*
1 *jitomate picado*
1/2 *cebolla picada finamente*
· *sal, al gusto*

- Separar la pulpa de las calabacitas; picarla y mezclarla con queso, cebolla y jitomate.
- Rellenar las calabacitas con la mezcla anterior, añadir cuadritos de mantequilla, pan molido y sal.
- Hornear durante quince minutos en un recipiente refractario.
- Servir las calabacitas sobre hojas de lechuga.
- Rinde 6 raciones.

Indios vestidos

1/4 k *queso manchego*
6 *nopales*
3 *dientes de ajo*
3 *huevos*
3 *jitomates medianos*
1/4 *cebolla chica*
· *aceite*
· *harina*
· *sal, al gusto*

- Cocer los nopales enteros con sal y cebolla.
- Escurrir, rellenar con queso y doblarlos a la mitad (quedan como quesadillas); pasarlos por harina.
- Batir las claras a punto de turrón y agregar las yemas.
- Capearlos y freírlos en aceite caliente.
- Sacar los nopales y escurrir el aceite.
- Licuar jitomates, ajo y cebolla; freír y dejar sazonar; agregar sal.
- Servir los nopales bañados con esta salsa.
- Rinde 6 raciones.

Menguiche

1 k *jitomates asados, pelados y molidos*
1/4 *litro de crema o jocoque*
3 *chiles poblanos asados y en rajas*
3 *quesos rancheros frescos*
· *manteca*

- Colar el jitomate molido; freír en tres cucharadas de manteca; dejar hervir con las rajas de chile.
- Agregar la crema o el jocoque sin dejar de revolver; hervir.
- Rebanar el queso y agregarlo al menguiche.
- Rinde 10 raciones.

Ensalada jardinera

1	*taza de aceitunas deshuesadas*
1/2	*taza de apio picado*
2	*cucharadas de aceite de oliva*
1	*huevo cocido*
1	*jitomate grande*
1	*lechuga romanita*
1	*queso crema*
·	*sal y pimienta, al gusto*

- Lavar y cortar la lechuga romanita en cuarterones.
- Cortar en cuadritos el queso, el jitomate y el huevo.
- Colocar todos los ingredientes en una ensaladera.
- Sazonar con aceite, sal y pimienta.
- Refrigerar antes de servir.
- Rinde 6 raciones.

Chiles rellenos

1/2 k	*jitomate picado*
1/4 k	*ejotes*
1/4 k	*queso seco*
3	*cucharadas de harina*
6	*chiles pasilla verdes (chilacas)*
2	*dientes de ajo*
2	*huevos*
1	*cebolla mediana picada*
1	*papa*
1	*zanahoria cortada en cuadritos*
·	*aceite*
·	*sal y pimienta, al gusto*

- Asar y pelar los chiles; rellenarlos de queso; pasarlos por harina y huevo batido y freírlos.
- Acitronar en aceite la cebolla; agregar jitomate, ajo, zanahoria, papa y ejotes (todo cocido y picado).
- Añadir agua, sal y pimienta; dejar sazonar.
- Servir los chiles con la preparación anterior.
- Rinde 6 raciones.

VI
REPOSTERÍA

Se inicia este apartado con la fórmula de los tepopoztes: unas panecillos de maíz, con manteca, anís y canela. Antes de pasar al comal, los tepopoztes deben ponerse sobre hojas de tepozán, planta conocida por sus propiedades medicinales. Continúa con la receta del "turco de garbanzo", exótico nombre para un nutritivo pastel de garbanzo con sus huevos, mantequilla y canela.

Un rico dulce resulta de la fórmula siguiente, una atractiva mezcla de camote y piña. La sencilla factura la hace todavía más popular. Viene después un postre de gran elegancia, de aires internacionales y gusto tropical. Pero lo más delicado en él es la finísima crema con la que se "copetea" la rebanada de piña: una crema con yemas digna de himnos angélicos, heredera seguramente de mesas conventuales y monjas arrebatadas en delirios culinarios.

La capirotada no podía faltar. Aquí se ofrecen dos versiones, una de agua y otra de leche. La primera, más ligera y económica, aunque no faltan ni las especias, ni las pasitas, queso y almendras. La segunda, más elaborada, enriquecida no sólo por la leche sino por las yemas de huevo que incorpora. La capirotada se convierte en gusto de Semana Santa y de muchas otras semanas del año.

Una manera colimeña de preparar las españolas torrejas se presenta acto seguido. Emparentadas, de alguna manera, con la capirotada, entre sus ingredientes incluyen jitomate y cebolla, a más de canela y ajonjolí.

Así se llega, a tambor batiente, a las últimas recetas: los dulces de coco de Colima, famosos en Occidente y en Oriente por su calidad. Tradicionales, apreciados por todos, se nos revelan aquí los secretos de una excelente cocada, de un magnífico alfajor de coco –de color blanco la mitad, y la otra mitad color de rosa, exactamente igual al añorado dulce de la niñez– y, por fin, elaboración suprema, una cocada de alfajor o ante, es decir, un dulce de dulce, delicadeza barroca, repicar de campanas en domingo, alegría en la cocina.

Come camote y no te dé pena, cuida tu casa y deja la ajena

Tepopoztes de Colima

1 k	*harina de maíz*
350 g	*manteca*
350 g	*piloncillo*
1/2	*cucharadita de anís*
1	*manojo de hojas de tepozán*
1	*raja de canela*

- Batir la manteca hasta que esponje; moler el piloncillo con anís y canela; revolver con la manteca.
- Agregar la harina de maíz y amasar hasta incorporar todos los demás ingredientes.
- Formar los panecitos en forma ovalada y colocarlos sobre las hojas de tepozán. Cocerlos en comal sin las hojas.
- Rinde 8 raciones.

Turco de garbanzo

1/4 k	*garbanzo*
150 g	*mantequilla*
125 g	*azúcar*
50 g	*pasas*
1	*cucharadita de polvo para hornear*
4	*huevos*
·	*canela molida*
·	*mantequilla y papel para el molde*

- Acremar la mantequilla con azúcar y canela molida.
- Incorporar los huevos, uno por uno; enseguida, el garbanzo cocido y molido, revuelto con el polvo para hornear, y las pasitas.
- En un molde engrasado y empapelado verter la pasta y hornearla por espacio de veinticinco minutos.
- Rinde 8 a 10 raciones.

Capirotada de leche

300 g	*azúcar*
50 g	*pasas*
2	*cucharadas de vainilla*
1 1/2	*litro de leche*
10	*almendras*
5	*yemas de huevo*
2	*tiras de bolillo, rebanado y frío*
1	*raja de canela*
·	*aceite*

- Hervir la leche con azúcar y canela; dejarla enfriar y añadirle las yemas de huevo batidas con vainilla; ponerla a hervir de nuevo.
- Dorar el bolillo en aceite y escurrirlo.
- Colocar en un molde refractario una capa de bolillo y bañarlo con la leche que está hirviendo.
- Adornar con pasas y almendras; colocar otra capa de bolillo bañado en leche hirviendo y así sucesivamente.
- Al final, agregar la leche que quede, aunque parezca que el pan flota, y dejar reposar por espacio de cuatro horas.
- Dejar enfriar y servir.
- Rinde 10 a 12 raciones.

Dulce de camote y piña

1 k	*camote morado*
3/4 k	*azúcar*
1	*piña de regular tamaño*

- Pelar los camotes y cocerlos a vapor.
- Pelar la piña y partirla en pedazos.
- Moler todo junto y verter en un cazo de cobre.
- Cocer con el azúcar hasta que espese. (Cuando la cuchara se despega del dulce, indica que ya está cocido.)
- Si la piña suelta mucho jugo, agregar un poco más de azúcar.
- Rinde 12 a 15 raciones.

Capirotada de agua

1/2 k	*manteca*
1/2 k	*panocha (piloncillo)*
1/4 k	*queso seco*
50 g	*pasitas*
2	*litros de agua*
10	*almendras*
10	*pimientas negras*
5	*clavos de olor*
4	*tortillas frías*
2	*rajas de canela*
1	*cebolla chica*
1	*jitomate*
·	*piezas de pan bolillo*

- Dorar un bolillo rebanado en manteca bien caliente y escurrir.
- Untar una cazuela de barro con manteca fría y colocar en el fondo las tortillas cortadas a la mitad, también untadas de manteca.
- Añadir una capa de bolillo y rociarlo con miel pasada por un colador (suficiente para que lo cubra).
- Espolvorear queso; agregar pasitas y almendras cortadas en trocitos; colocar enseguida otra capa de bolillo y así sucesivamente.
- Al final, verter encima la miel que queda y adornar con queso, pasitas y almendras.
- Para preparar la miel hay que cocer la panocha en dos litros de agua con el jitomate y la cebolla en trocitos, pimienta, clavos y canela; dejar consumir hasta que quede un litro y cuarto de miel.
- Hornear la capirotada por espacio de treinta minutos.
- Servir en frío con un vaso de leche helada.
- Rinde 10 a 12 raciones.

Postre de piña

100 g	*azúcar glass*
75 g	*cerezas en almíbar*
50 g	*azúcar*
50 g	*nueces*
1	*cucharada de vainilla*
1/4	*litro de crema dulce helada*
2	*cucharadas de harina*
2	*yemas de huevo*
1	*piña en rebanadas*
·	*hojas de hierbabuena*

- Mezclar las yemas con azúcar, harina y el almíbar de las cerezas; poner al fuego sin dejar de revolver; retirar cuando espese.
- Batir la crema sobre hielo, agregar azúcar glass y vainilla; mezclar con el dulce de yemas.
- Colocar una rebanada de piña en platos de cristal; poner encima un copete de crema batida, espolvorear nuez picada y adornar con una cereza y hojas de hierbabuena.
- Rinde 8 raciones.

Torrejas

1/2 k	*panocha (piloncillo)*
10	*pimientas negras*
5	*clavos de olor*
2	*claras de huevo batidas a punto de turrón*
2	*picones (pan de huevo)*
1	*jitomate*
1	*trozo de cebolla*
1	*raja de canela*
·	*aceite*
·	*un poco de ajonjolí, limpio y tostado*

- Cocer la panocha con el jitomate y la cebolla (cortados en trozos) la raja de canela, pimienta y clavos (debe cocerse bien, de tal manera que, al colar, resulte una miel espesa).
- Cortar el pan de huevo en rebanadas y pasarlo por las claras batidas a punto de turrón; freírlo en aceite muy caliente y añadir un poco de ajonjolí tostado.
- Dorar las torrrejas por ambos lados y escurrir.
- Servirlas con la miel caliente.
- Rinde 6 a 8 porciones.

Cocada

3/4 k	*azúcar*
100 g	*pasas sin semilla*
50 g	*almendras*
50 g	*mantequilla derretida*
1	*coco seco, molido o rallado*
1	*litro de leche*
8	*yemas de huevo*
·	*polvo de roscas de manteca*

- Preparar el almíbar con agua y azúcar (que tome punto de bola).
- Añadir coco rallado o molido; revolver constantemente.
- Al despegar del cazo, agregar la leche hervida (fría); batir bien.
- Al tomar su punto, apartar del fuego; diluir las yemas en un poco de leche, colar e incorporarlas; evitar que se cuezan.
- Poner nuevamente en el fuego hasta que se despegue del cazo.
- Al enfriar, ponerle encima mantequilla derretida y polvo cernido de las roscas de manteca. Hornear un rato.
- Adornar con almendras y pasas.
- Rinde 8 a 10 raciones.

Alfajor de coco

1 k	*azúcar*
500 g	*coco limpio, rallado y seco*
1 1/2	*taza de agua*
1	*raja de canela*
·	*obleas*
·	*pintura vegetal roja*

- Moler el coco hasta formar una pasta fina.
- Hervir en agua el azúcar y la canela; dejar que tome punto de bola.
- Retirar del fuego y agregar el coco; revolver bien.
- Separar la pasta en dos partes: pintar una con color vegetal rosa fuerte; dejar la otra parte de color blanco.
- Verter el dulce blanco en un molde de madera o de cartón (de forma rectangular y forrado con obleas); añadir enseguida el dulce de color rosa. Sacar el alfajor cuando endurezca.
- Rinde 6 raciones.

Cocada de alfajor o ante

1 k	*alfajor (pasta dulce de coco)*
50 g	*almendras remojadas y peladas*
1	*taza de leche*
1	*copa de aguardiente o alcohol*
3	*yemas de huevo (crudas)*
1	*picón o una bizcotela (pan de huevo regional)*

- Rebanar el alfajor y pulverizarlo con la mano; ponerlo al fuego en un cazo y cubrirlo de agua caliente sin dejar de revolver; agregar una taza chica de leche y seguir revolviendo.
- Retirar del fuego; incorporar las yemas de huevo en dos cucharadas de este dulce, una por una; mezclar bien; agregar el resto del dulce.
- Colocar en un molde refractario una capa de cocada, rociar el aguardiente, añadir una capa de rebanadas de picón o bizcotela y así sucesivamente hasta terminar con una capa de cocada o alfajor.
- Adornar con almendras peladas y hornear hasta que se dore.
- Rinde 8 a 10 raciones.

AUTORES DE ESTAS RECETAS

Consuelo Álvarez
Socorro Angulo Ortos
Guillermina Ahumada de Vargas
Consuelo Bueno de Cruz
Patricia Castrejón Gómez
Luz María Coronado González
Zaida Guadalupe Farías Flores
Agustina García
Rosa Ernestina García Cuevas
Rogelio A. Gaitán y Gaitán
Marcela Guadalupe Gómez Huerta
Rafael Hernández Figueroa
Delia Margarita Jiménez Borrayo
María del Refugio Márquez Guerrero
Gloria O. Moctezuma Orozco
María del Rayo Medina Cortés
Blanca Padilla Velasco
Bertha Elena Ríos Ruelas
Marina H. Sandoval Solorio
Javier Valdovinos Collado
Emilia Velasco de Padilla

FESTIVIDADES

LUGAR Y FECHA	CELEBRACIÓN	PLATILLOS REGIONALES
COLIMA (Capital del Estado) *Segundo martes de enero*	**Día de Jesús agonizante** Peregrinación que va de Coquimatlán a la Hacienda "Lo de Villa". Los fieles acuden a este lugar para rendirle homenaje, expresando su gratitud a través de oraciones y danzas.	~ Patitas de puerco en vinagre, tamales de carne y costilla, birria de cabra, caldillo de chacales, sopa de pan, tostadas con tortilla raspada, carne adobada, morisqueta (arroz), frijoles puercos, tacos de camarón, enchiladas con tuba almendrada. ~ Cocada, pulpa de tamarindo, pellizco, conserva de cacahuate y de mango, tamales de ciruela. ~ Ponches de granada, tamarindo, guayabilla y jamaica, tepache, tuxca, bate, tejuino, tuba.
COLIMA *Febrero 2*	**Virgen de la Salud** Se le recuerda con un novenario. Los festejos empiezan el 24 de enero y terminan en febrero. En el barrio donde está su templo se llevan a cabo actividades sociales y culturales como danzas, bandas musicales, desfile de jinetes precedidos por mojigangas, fuegos artificiales, etcétera. El día 5 se celebra una gran fiesta taurina con el tradicional "Toro de las Once", que es un toro de lidia, puesto a disposición de los aficionados para que prueben suerte. También se celebra el Día de la Candelaria.	~ Tamales de carne y costilla, sopes, tostadas con tortilla raspada, chilayo de puerco, morisqueta, patitas de puerco en vinagre, caldillo de mariscos, sopa de pan, tatemado, birria de cabra, enchiladas dulces con tuba almendrada, sopitos dorados, pozole, frijoles puercos. ~ Alfajor de coco, encaladillas, pulpa de tamarindo; conservas de camote, guayabilla y mango; tamales de ciruela. ~ Tepache, tuba, bate, ponches, café de olla, atoles, aguardientes.
COLIMA *Tercer domingo de junio*	**La bendición de los animales** Niños y adultos llevan animales, granos y tractores hasta la Iglesia de Jesús Agonizante para que el sacerdote les imparta la bendición.	~ Tamales de ceniza (envueltos en hoja de carrizo con mole verde de carne de puerco o de res), pata de mula, tostadas con tortilla raspada, sopa de pan, caldillo de chacales, sopitos con frijoles, tacos de camarón, birria de cabra, pozole sin caldo, chilayo, frijoles puercos. ~ Cocadas, alfajor, pulpa de tamarindo, buñuelos; conservas de guayaba; mango y camote con piña; pellizcos. ~ Ponche de granada, tamarindo y jamaica; aguas frescas de limón, naranja, chía, cebada.
CUAUHTÉMOC *Octubre 24*	**San Miguel Arcángel** La celebración se lleva a cabo con ejecución de danzas.	~ Patitas de puerco en vinagre; tamales de carne y costilla, birria, pozole, sopa de pan, sopitos con frijoles, tatemado, chilayo de puerco, morisqueta, caldillo de mariscos, pata de mula. ~ Tamales de ciruela, cocadas, alfajor, condumio de cacahuate y ajonjolí, pellizco, pulpa de tamarindo. ~ Atoles, chocolates, champurrados, pinole, tepache, aguardientes, aguas frescas, tuba compuesta y almendrada, bate, tuxca, tejuino.

MANZANILLO
Diciembre 12

Virgen de Guadalupe
La Patrona de México recibe el homenaje de fieles que llegan en peregrinación hasta su altar. La gente se viste con trajes regionales y a partir del 1º de diciembre ejecutan danzas durante la tarde.

- Tamales de ceniza y de elote, menudo con azafrán (pancita, vísceras y azafrán), sopa de pan, chilayo de puerco, tatemado, tacos dorados con salsa picante de vinagre de tuba, cuachala, enchiladas con tuba almendrada, caldillo de mariscos con epazote y chile chipotle, tacos de camarón, tostadas, sopitos con frijoles y frijoles puercos.
- Cocadas, pulpa de tamarindo, alfajor de coco con canela, azúcar, encaladilla, pellizcos; conservas de camote, mango, guayaba y camote con piña.
- Atole de frutas, café endulzado con piloncillo, aguas frescas, ponches, aguardientes, bates, tuba, tepache.

MANZANILLO
Fecha movible
(Depende de la Cuaresma)

Domingo de Carnaval
Lo más sobresaliente son los bailes de máscaras, los concursos y desfiles, así como los bailarines vestidos con suntuosos y llamativos atuendos, acompañados de conjuntos musicales.

- Caldillo de chacales, langostinos de río al mojo de ajo, tacos de camarón; sopes que se elaboran con masa, manteca, salsa roja, cebolla, cilantro y queso; caldillo de mariscos con chile chipotle y epazote; pata de mula.
- Atole de frutas, champurrados, chocolate, tepache; aguas frescas de limón, naranja, chía, cebada, jamaica; bate, buta compuesta o almendrada.
- Alfajor de coco con canela y azúcar, buñuelos, condumbio de cacahuate y ajonjolí, cocadas, postre de mango.

MINATITLÁN
Enero 8

La Purísima Concepción
Fiesta patronal con procesiones, música, bailes y danzas de la conquista.

- Patitas de puerco en vinagre, tostadas con tortilla raspada, sopa de pan, pata de mula, chilayo de puerco, morisqueta, tamales de ceniza y elote, tacos dorados, langostinos de río al mojo de ajo, caldillo de chacales, birria, pozole sin caldo.
- Condumbio de cacahuate y ajonjolí, postre de mango, cocada, pellizcos, pulpa de tamarindo y alfajor de coco.
- Tuba compuesta y almendrada, bate, tepache, aguardiente, atole de frutas; aguas frescas de cebada, chía, limón y naranja; ponches de granada, tamarindo, guayabilla y jamaica.

TECOMÁN
Enero 26

Novenario de La Candelaria
Se lleva a cabo un desfile en el que se escenifica la peregrinación de la Sagrada Familia, escoltada por niños vestidos de ángeles. También van en la peregrinación jinetes y charros vestidos con sus mejores galas .

- Tacos dorados con salsa picante de vinagre de tuba, pozole, menudo de azafrán, puerco tatemado, sopitos dorados, tacos de camarón, caldillo de chacales y de mariscos, sopa de pan, cuachala, enchiladas con tuba almendrada, carne adobada (de puerco con chile pasilla y chile ancho, pimienta y jitomate), frijoles puercos, tamales de elote y de ceniza.
- Condumbio de cacahuate y ajonjolí, postre de mango, cocadas, pepitorias, encaladilla, pellizco, alfajor, conservas de frutas y pulpa de tamarindo.

NUTRIMENTOS Y CALORÍAS

REQUERIMIENTOS DIARIOS DE NUTRIMENTOS (NIÑOS Y JÓVENES)

Nutrimento	*Menor de 1 año*	*1-3 años*	*3-6 años*	*6-9 años*	*9-12 años*	*12-15 años*	*15-18 años*
Proteínas	2.5 g/k	35 g	55 g	65 g	75 g	75 g	85 g
Grasas	3-4 g/k	34 g	53 g	68 g	80 g	95 g	100 g
Carbohidratos	12-14 g/k	125 g	175 g	225 g	350 g	350 g	450 g
Agua	125-150 ml/k	125 ml/k	125 ml/k	100 ml/k	2-3 litros	2-3 litros	2-3 litros
Calcio	800 mg	1 g	1 g	1 g	1 g	1 g	1 g
Hierro	10-15 mg	15 mg	10 mg	12 mg	15 mg	15 mg	12 mg
Fósforo	1.5 g	1.0 g	1.0 g	1.0 g	1.0 g	1.0 g	0.75 g
Yodo	0.002 mg/k	0.002 mg/k	0.002 mg/k	0.002 mg/k	0.02 mg/k	0.1 mg	0.1 mg
Vitamina A	1500 UI	2000 UI	2500 UI	3500 UI	4500 UI	5000 UI	6000 UI
Vitamina B-1	0.4 mg	0.6 mg	0-8 mg	1.0 mg	1.5 mg	1.5 mg	1.5 mg
Vitamina B-2	0.6 mg	0.9 mg	1.4 mg	1.5 mg	1.8 mg	1.8 mg	1.8 mg
Vitamina C	30 mg	40 mg	50 mg	60 mg	70 mg	80 mg	75 mg
Vitamina D	480 UI	400 UI	400 UI	400 UI	400 UI	400 UI	400 UI

REQUERIMIENTOS DIARIOS DE NUTRIMENTOS (ADULTOS)

Proteínas	1 g/k
Grasas	100 g
Carbohidratos	500 g
Agua	2 litros
Calcio	1 g
Hierro	12 mg
Fósforo	0.75 mg
Yodo	0.1 mg
Vitamina A	6000 UI
Vitamina B-1	1.5 mg
Vitamina B-2	1.8 mg
Vitamina C	75 mg
Vitamina D	400 UI

REQUERIMIENTOS DIARIOS DE CALORÍAS (NIÑOS Y ADULTOS)

		Calorías diarias
Niños	12-14 años	2800 a 3000
	10-12 años	2300 a 2800
	8-10 años	2000 a 2300
	6-8 años	1700 a 2000
	3-6 años	1400 a 1700
	2-3 años	1100 a 1400
	1-2 años	900 a 1100
Adolescentes	Mujer de 14-18 años	2800 a 3000
	Hombres de 14-18 años	3000 a 3400
Mujeres	Trabajo activo	2800 a 3000
	Trabajo doméstico	2600 a 3000
Hombres	Trabajo pesado	3500 a 4500
	Trabajo moderado	3000 a 3500
	Trabajo liviano	2600 a 3000

EQUIVALENCIAS

EQUIVALENCIAS EN MEDIDAS

1	taza de azúcar granulada	250	g
1	taza de azúcar pulverizada	170	g
1	taza de manteca o mantequilla	180	g
1	taza de harina o maizena	120	g
1	taza de pasas o dátiles	150	g
1	taza de nueces	115	g
1	taza de claras	9	claras
1	taza de yemas	14	yemas
1	taza	240	ml

EQUIVALENCIAS EN CUCHARADAS SOPERAS

4	cucharadas de mantequilla sólida	56	g
2	cucharadas de azúcar granulada	25	g
4	cucharadas de harina	30	g
4	cucharadas de café molido	28	g
10	cucharadas de azúcar granulada	125	g
8	cucharadas de azúcar pulverizada	85	g

EQUIVALENCIAS EN MEDIDAS ANTIGUAS

1	cuartillo	2	tazas
1	doble	2	litros
1	onza	28	g
1	libra americana	454	g
1	libra española	460	g
1	pilón	cantidad que se toma con cuatro dedos	

TEMPERATURA DE HORNO EN GRADOS CENTÍGRADOS

Tipo de calor	*Grados*	*Cocimiento*
Muy suave	110°	merengues
Suave	170°	pasteles grandes
Moderado	210°	soufflé, galletas
Fuerte	230°-250°	tartaletas, pastelitos
Muy fuerte	250°-300°	hojaldre

TEMPERATURA DE HORNO EN GRADOS FAHRENHEIT

Suave	350°
Moderado	400°
Fuerte	475°
Muy fuerte	550°

Glosario

Alfajor. Se refiere a una pasta o masa de dulce, por lo común preparada con frutas y que suele llevar bizcocho, huevos y almendras. Alfajor de coco. **Ante, alajú.**

Bate. Especie de atole espeso, elaborado con semilla de "chan" –chián–, es decir, chía gorda, aprovechada también como acompañamiento de limonadas.

Caguama. Nombre común de varias tortugas marinas de gran tamaño. La carne y los huevos de caguama son muy apreciados.

Condumio. Alimento. Llámase así específicamente a un postre que combina cacahuate y ajonjolí.

Chacales. Langostinos chicos que se encuentran en los ríos, donde se recogen bajo las piedras. Tienen el tamaño de los camarones grandes, a los que se asemejan.

Chanfaina. Platillo preparado con vísceras; (bofes, panza, menudos y otras). **Revoltijo** (platillo).

Chilayo. Guiso de espinazo de puerco (o carnero), acompañado de chile ancho, elotes y calabazas picados.

Chile cascabel (o cora). Es un chile seco que, en estado fresco, puede ser el chile bolita, de color rojo oscuro, picante. Fundamentalmente se aprovecha en adobos y salsas.

Chile de árbol. Fruto de un arbusto solanáceo que pertenece a la familia de los piquines. Es un poco más largo y picoso que el chile serrano. Seco adquiere color rojo sepia. Se utiliza con frecuencia para preparar salsas de molcajete.

Chile pasilla. Es un chile seco de color rojo oscuro, largo, muy picante. Se le llama también "achocolatado". Hay diversas variedades. En estado fresco es el chile "chilaca".

Guacamole. Ensalada preparada con la pulpa de aguacate y, por lo general, jitomate, cebolla y chiles verdes.

Guavina (trucha). Guabina o guavina. Pez de agua dulce, de carne muy apreciada, abundante en el Municipio de Coquimatáln.

Hierbasanta (momo, acuyo). Hoja de Santamaría; hoja de anís. Planta piperácea de la zona cálida intertropical. Envuelve tamales, se aprecia como condimento y se le atribuyen virtudes medicinales.

Jocoque (jocoqui). Preparación hecha con leche cortada o nata agria, al modo de crema espesa.

Lapa. Molusco herbívoro, comestible; vive en la costa firmemente adherido a piedras o sustratos duros.

Mole. Salsa espesa o pasta preparada con diversos chiles y muchos otros elementos y condimentos, generalmente ajonjolí y, en algunas variedades, chocolate o cacahuates. La preparación varía tanto como los nombres: mole poblano, negro, verde, amarillo, etcétera.

Mole de olla. Platillo en el que se sirve la carne en su propio caldo –por lo común, retazo con hueso–, con elotes, verduras, chile y otros condimentos.

Nopal. Planta cactácea de los géneros Platyopuntia y Nopalea, cuyo tallo se forma con pencas, es decir, paletas ovaladas, planas y espinosas, en cuyos bordes crecen flores rojas y amarillas; tiene la tuna como fruto. También se designa así a las pencas de la cactácea.

Piloncillo (panela). Panes de azúcar oscura –mascabado sin purificar– en forma de cono truncado o cucurucho.

Pipián (pepián). Aderezo que se prepara con salsa de semillas aceitosas –mayormente las de calabaza–, molidas y tostadas.

Tejuino (tecuino, tesgüino). Bebida excitante elaborada con maíz prieto, tostado y molido, disuelto en agua y endulzada con piloncillo.

Tepache. Bebida fermentada que se prepara con la pulpa o jugo de frutas y plantas, especialmente la piña y la caña de azúcar, y azúcar morena. Se usa como refresco o como bebida embriagante, según el grado de fermentación. Se prepara, también, con la cáscara de la piña.

Tepozán. Árbol silvestre, originario de México, de la familia de las loganiáceas y con numerosas especies, a cuyas hojas, corteza y raíces se atribuyen diversas virtudes medicinales. Yerba del tepozán: arbusto de flores aromáticas.

Tuba. Licor de la palma que en la costa occidental del país se bebe con frecuencia. Se obtiene del tronco o de las inflorescencias de algunas palmeras, sobre todo del cocotero común. Se puede tomar preparada con piña, apio, limón, canela, etcétera.

Tuxca. Aguardiente, mezcal que se extrae del maguey de dicho nombre; úsase en Colima y parte de Jalisco.

Esta obra fue impresa en el mes de febrero de 2001
en los talleres de Litográfica Ingramex, S.A. de C.V.,
que se localizan en la calle de Centeno 162,
colonia Granjas Esmeralda, en la ciudad de México, D.F.
La encuadernación de los ejemplares se hizo
en los talleres de Dinámica de Acabado Editorial, S.A. de C.V.,
que se localizan en la calle de Centeno 4-B,
colonia Granjas Esmeralda, en la ciudad de México, D.F.